JN439404

아름다운 세상

현대수필가100인선 · 88

아름다운 세상

변해명 수필선

좋은수필사

■ 책머리에

수필은 누구나 부담 없이 읽고, 마음만 먹으면 직접 쓸 수도 있는 가장 친근한 문학이다. 다른 영역의 문학이 영상매체에 밀려 신음하고 있는 중에도 수필 인구만은 날로 증가하여 바야흐로 수필 전성시대를 구가하고 있는 이유도 거기에 있을 것이다.

시대적 추세에 힘입어 수많은 수필전문지, 수필동인지가 창간되고, 이에 비례하여 신진 수필가도 날로 늘어나다 보니 이제는 그 많은 작가, 그 많은 작품 중에서 문학성 높은 작품을 가려 읽는 일이 쉽지 않게 되었다. 이런 현상은 작가에게나 독자에게나 결코 바람직한 일이 아니다. 더 나아가서는 수필을 연구하는 후세들에게도 큰 부담이 될 것이다.

이런 문제를 해결하는 데는 출판인도 마땅히 한몫을 감당해야 한다는 평소의 소신에 따라, 본사가 기꺼이 그 역할을 맡기로 했다. 그 첫 번째 사업으로 시대를 대표할 만한 수필가 100인을 선정하고, 작가가 자선한 40편 내외의 작품을 수록한 문고본을 발간하여 이를 널리 보급함으로써 그 소임을 다하고자 한다.

본사는 사명감을 가지고 이 사업을 추진해 나가기로 했다. 작가 선정을 전담할 편집위원회를 구성하고 전권을 위임하여 일체의 사적인 정실이나 청탁을 배제함으로써 전문성과 공

정성을 확보해 나갈 것이다.

따라서 이 기획물 속에는 작가의 문학정신뿐만 아니라, 본사의 문학사적 기여 의지와 편집위원 제위의 수필문학에 대한 애정과 문인으로서의 양심이 함께 담겨 있음을 자부한다. 다만, 작가를 선정하는 기준에는 많은 견해의 차이가 있을 수 있고, 선정 과정에서도 미처 챙기지 못한 부분이 있을 것이라는 사실만은 인정하지 않을 수 없다. 이 점에 대해서는 관계자 여러분의 양해 있으시기 바란다.

이 시리즈의 발간 순서는 작가, 또는 본사의 사정에 의한 것일 뿐 그 밖의 어떤 기준도 적용하지 않았음을 밝힌다.

본 기획물이 시대를 초월한 많은 수필 애호가들의 관심과 애정 속에 우리나라 수필문학 발전에 한 이정표가 되기를 바랄 뿐이다.

2010년 6월

좋은수필 발행인 서 정 환

현대수필가 100인선 간행 편집위원 박 재 식 최 병 호

정 진 권 강 호 형

변 해 명

1_부

2_부

3_부

4_부

5_부

1부

참 아름다운 세상

구세군 자선냄비가 거리에 등장했다. 그들은 작은 종을 흔들며 가난하고 소외된 사람들이 우리와 더불어 살고 있음을 생각하라고 한다. 그래서 작은 종소리는 큰 여운이 되어 모두의 마음으로 퍼져나간다.

그 종소리를 들으면 내가 넘긴 일 년을 돌아보게 되고, 감사한 마음이 된다. 많은 어려움과 굴곡이 우리 둘레에서 일어났고 밀려갔는데 그 회오리 속에서 건강하게 지치지 않고 걸어왔으니 얼마나 고마운가. 남에게 손을 내밀지 않았다 해도 더불어 살아온 우리 이웃들이 함께 했기에 가능했으리라.

일 년을 넘기기에 너무도 고달프고 지친 많은 사람들이 오늘도 세상의 모진 바람을 모두 맞으며 보내고 있다. 그들도 희망과 사랑을 나누는 이웃이 있어 고통을 극복하며 오늘에

섰을 것이다. 나는 남에게 줄 것도 없고 받지도 않는다고 생각하기보다 감사한 마음만으로 서로의 빈 마음을 채울 수 있는 이웃으로 설 수 있다면 이 겨울은 그렇게 춥지만은 않을 것이다.

물질적인 도움으로도 메울 수 없는 외로움도 따뜻한 말 한 마디로도 채워줄 수 있다. 그런 이웃이 될 수 있다면 얼마나 좋을까? 구세군 자선냄비의 종소리를 그런 나눔의 내일을 지니라는 사랑의 종소리로 들린다.

며칠 전 어느 뷔페에서 K를 만났다. 그의 밝고 명랑한 얼굴을 보면서 그가 전에 이야기가 생각이 나서, 서로의 마음을 나누는 것이 얼마나 따뜻하고 아름다운 것인가를 다시 생각해 보았다.

어느 겨울방학 때였다. 학생들이 음성 꽃동네로 봉사활동을 떠난다고 하기에 나도 따라나선 것인데, 그날 아기들만 사는 집에서 우연히 K와 마주쳤던 것이다. 그날 그와의 해후로, 그에게서 들은 이야기는 지울 수 없는 감동의 종소리로 지금까지 내 마음에 여운을 남기고 있는 것이다.

그가 교장으로 근무할 때였다. 환갑을 맞았는데, 환갑을 같이 할 사람도 없고, 또 갈 곳도 없었다. 남편이 타계한 지 얼마 되지 않았고 슬하에는 자손이 없는 처지고 두 분 모두 북에서 월남한 사람들이어서 친척도 없는 처지라 선생님들 앞에 그런 외로운 모습을 보여주기가 싫었다. 그에게 주어진 일주일 휴가를 해외여행을 간다고 거짓말을 하고 학교에 나가지 않았다. 그러고 나니 어디고 가야하는데 막상 혼자 갈 곳이 없었다.

그는 갑자기 고아가 된 기분이었는데 그때 음성 꽃동네가 생각이 났다. 버림받고, 상처입고 외로운 사람들이 사는 곳, 그래서 무작정 차를 몰고 들어온 곳이 이 아가들의 집으로 오게 되었다. 책임 수녀님을 만나 자신의 입장을 이야기하고 이곳에서 며칠 쉬고 가도 되겠느냐고 하자 쾌히 승낙을 했다. 자신의 처지가 너무 외롭게 느껴져서 잠을 이루지 못하고 뒤챘는데, 새벽에 성당에 가자고 수녀님이 깨워서 어쩔 수 없이 따라나섰다.

성당에 들어서자 신부님께서 환갑을 맞는 자신을 위한 생미사를 집전하는 것이었다. 어떻게 알았을까? 성당에 가득 모인 수도자며 수녀며 많은 직원들이 한 번도 만난 일이 없는 자신을 위해 기도를 바쳐 주고 있는데 너무 고맙고 놀라워 눈물을 멈출 수가 없었다. 다시 수녀님과 함께 아가의 집으로 돌아왔을 때 또 생각지도 못했던 조촐한 환갑상이 차려져 있었다.

수녀님과 직원, 봉사자들이 자신을 위하여 상을 마련하고 함께 축하해주는 따뜻한 마음에 그만 또 울음을 터뜨릴 수밖에 없었다. 낯선 곳에서 낯선 사람들이 빈 마음을 가득 채워주던 따뜻하고 진심 어린 사랑의 손길이 정말 감동적이고 벅찬 기쁨을 안겨주어 생각지도 못했던 멋진 환갑을 맞고 가장 값진 환갑여행을 하게 되었다고 했다.

그는 그때를 이야기하며 눈물을 글썽였었다. 그 뒤부터 일요일이면 이곳에 와서 아가들을 돌보며 행복한 시간을 보낸다고 했다. 남으로부터 사랑을 받으려고만 했던 그래서 허기져 있던 자신의 빈 마음이 남에게 사랑을 베풀면서 비로소 가득 차옴을 체험한다고 했다.

"남을 사랑하며 산다는 것이 얼마나 행복하고 즐거운 일인가를 가르쳐준 이곳 식구들이 있어서 나는 혼자가 아닌 것 같아."

나는 지금도 그가 들려준 가슴 따뜻한 이야기를 기억하고 있다.

우리는 세상을 살아가면서 가장 외로운 사람들로부터 위로받으며 가장 가난한 사람들로부터 따뜻한 사랑으로 가슴을 채우는 경우가 있다.

우리는 늘 남을 돕는다고 하면서 도리어 도움을 받으며 살아가고 있다는 것을 깨달을 때 참 아름다운 세상과 만나게 되는 것이 아닌지.

(2002)

주인 없는 꽃수레

일요일 성당에 들어설 때마다 성당 입구에서 한 걸인과 만난다. 모자를 깊이 눌러 쓰고, 얼굴을 가능한 한 보이지 않게 숙이고 쭈그리고 앉아 동냥 그릇을 들고 있는 걸인은 벌써 몇 년째 같은 자리를 지키고 있다. 나는 그 걸인을 볼 때마다 Y가 떠오른다. 걸인의 동전 그릇에 동전을 넣으면서 Y처럼 따뜻한 말이라도 건네고 싶은데 그럴 용기가 나지 않아 스치듯 지날 뿐이다.

미사가 끝나고 나오면 걸인이 있던 자리에는 꽃을 담은 수레가 와서 집으로 돌아가는 사람들에게 꽃을 판다. 장미, 국화 프리지아, 안개꽃 등 금방 화원에서 베어 싣고 온 듯한 싱싱하고 묶음이 좋은 꽃들이다. 〈한 단에 1000원〉 그런 종이쪽지가 꽃다발 위에 놓여 있고, 그저 가져가고 싶은 대로 가져가라는 것처럼 경계가 없는 꽃장수 수레다.

꽃장수 아저씨는 한 40은 되어 보이는 분인데, 그는 꽃을 파는 데는 정신이 없고 미사시간에 미사 참례할 것만 챙기는 사람같이 언제나 꽃수레 앞에서 서성이는 모습이다. 돈을 받을 생각도 하지 않고 꽃을 싸주면서도 생각은 다른 데 있다. 어떤 날은 숫제 수레 앞에 꽃장수가 없다. 수레는 놔두고 미사를 보러 간 것이다. 그런 꽃수레를 보는 날이면 그가 미사를 마치고 나올 때까지 내가 대신 팔아주고 싶은 생각에 조바심이 나기도 한다. 주인 없는 꽃수레를 보고 있으면, 주인이 없다고 그냥 집어 가면 어쩌나 하고 생각하는 내 염려가 믿고 놔둔 아저씨 마음 앞에 도리어 무색하고 부끄러워지기까지 하는 것이다.

"나도 미사를 봐야지요."하며 어린이 같이 환하게 웃으며 다음 미사시간을 기다리는 꽃장수를 보면 또 Y를 보는 것 같다.

고등학교 학생들보다 더 순진하고 투명한 마음으로 그들 앞에 서 있던 Y, 학생들이 일을 저질러 속을 썩이거나 교사들 간의 갈등이 생길 때면 술을 한 잔 걸치고 나를 찾아와 변형, 변형! 하며 하소연하고 괴로워하던 Y. 학생들을 학생이 아닌 친동생처럼 사랑하고 돌보면서도 결국 학교에 적응하지 못하고 학원 강사로 자리를 바꾸면서 자신으로 해서 가족이 상처를 받지 않을까 고민하던 착하기만 한 사람.

그에게 재미있는 일화가 있다.

어느 일요일 Y의 친구인 K가 명동성당 언덕길을 오르다 걸인을 만났다. 성당에 다니는 사람들은 대개 일요일이면 자리를 지키는 걸인을 기억한다. 같은 장소에 같은 걸인이 있기 때문이다. 그런데 그날은 걸인의 모습이 조금 달라 보였다. 눌러 쓴 모자와 웃옷은 걸인 같은데 앉아 있는 모습이 어딘가 어색했다. 석연치 않게 느껴진 그는 걸인 앞에 쭈그리고 앉으면서 동전을 바구니에 넣었다. 그러면서 얼굴을 감싸듯 어깨 사이로 깊이 숙인 걸인의 옆얼굴을 가까이에서 들여다보았다. 그런데, 그 걸인은 자신보다 앞서 성당에 간다던 친구 Y가 아닌가. 친구는 너무 놀라 웬일이냐고 물었다. 그제야 고개를 든 걸인 Y가 웃으면서 누가 들을까 소곤거리는 거였다.

"미사시간이 한 30분 남아 있어서…, 아침을 먹지 않았다고 하기에 아침을 먹고 오라고 보냈어. 올 동안 대신 자리를 지켜줘야지 …."

걸인에게 아침을 먹이려고 대신 걸인 행세를 하고 있었던 사람.

나는 그 이야기를 들으며 능히 그러고도 남을 사람이라고 생각했었다. 처음 사 입은 외투도 추워 떠는 사람을 보고 미련 없이 벗어주고 들어오는 사람이었으니 그러고도 남을 사람이었다. 지금은 어디서 무엇을 하고 있는지 오늘따라 생각이 난다.

그는 어느 날 친구와 술자리에서, 두 사람 모두 학교를 그만두고 싶다고 했었다. Y는 사립학교라 재단의 간섭이 싫다는 이유 때문이고, 친구는 미래의 설계를 앞당기고 싶어서라고 했다. 교사를 그만두고 여관 주인이 되면 노동을 하지 않아도 돈을 벌 수 있고, 밤이면 관능과 환락의 세계를 엿볼 수도 있고, 낮이면 쓰고 싶은 소설을 쓸 수 있어서라고 했다. 그런 친구의 농담에 Y는 천박하다며 욕을 했었다. 현실적이고 계획적이고, 돈을 알고 세속적인 삶에 충실하고 싶어 하는 친구라고 못마땅하게 생각하면서도 자신이 지니지 못한 부분을 그가 지녔기에 그 친구를 좋아했던 걸 나는 안다. 우리가 30대의 이야기이니 30여 년 전 기억들이다. 지금 그의 친구는 현실적인 삶에 성공했을 것이고, 마음 착한 Y는 여전히 어린이 같은 순진함으로 가난한 많은 사람들에게 감동과 희망의 삶을 주며 살아가고 있을 것이다.

오늘따라 주인 없는 꽃수레를 보며 Y를 생각한다.

(2001)

내 조카 유진이

캐나다 공항에서 마중 나온 조카 유진이를 만났을 때 나는 조금은 실망스런 생각이 들었었다. 그는 금년에 대학을 졸업하고 직장에 나가고 있다고 했는데도 남자 아이 머리가 처녀 아이들 머리처럼 길게 어깨까지 내려와 있어서였다.

유진이는 공부도 잘하고, 문학과 철학서적을 탐독하는 독서광인 것은 물론 거리를 지날 때에도 거리에 구르는 휴지나 빈 캔이나 비닐 등 쓰레기를 보면 모두 주워들고 다니다 쓰레기통에 버리는 착하고 모범 소년이었다. 그런데 그의 이미지와는 다른 모습을 보게 되니 실망스럽기까지 했다. 노랗게 염색하지 않은 것만으로도 다행스럽게 생각해야지 하고 머리가 그렇게 길도록 말리지 못하는 부모의 심정이 나와 같을 거라는 생각까지 들었었다.

2년 전 그의 누나가 결혼할 때 캐나다에 갔었는데 그때는 그의 형이 지금 동생 유진이처럼 머리를 기르고 있었다. 점잖게 신사복을 입었지만 긴 머리를 하나로 묶은 그의 모습이 왠지 눈에 거슬렸었다. 피로연 자리에서 사회까지 보는 그의 모습에서 긴 머리는 어울리지 않는 모습이었다. 그때도 그곳 젊은이들의 모양내기나 유행이 그런 것이려니 하고 넘겼는데 이번에는 유진이의 머리가 형을 흉내 내고 있는 것 같았다. 나는 그곳에 머무르는 동안 몇 번이고 유진이에게 머리를 자르라고 말하고 싶었다. 캐나다 청년들도 하지 않는 머리 모양을 동방예의지국인 한국인 2세가 하고 다니면 더 눈에 거슬리고 성실한 사람으로 보이지 않을 것 같은데, 생활은 반듯하고 남의 모범이 되는 사람이 왜 머리만 그렇게 기르려고 하는지 물어보고도 싶었다.

그런데 어느 날 유진이가 머리를 깎는다고 온 집안이 왁자했다. 마치 무슨 예식을 거행하는 분위기처럼 유진이는 머리를 감고 곱게 빗어 내리며 상기된 표정이었고, 그의 머리를 깎으려는 그의 엄마나 그 모습을 지켜보려는 그의 아빠의 태도는 너무도 진지하고 엄숙해서 나는 영문도 모르고 머리를 깎는다는 욕실에 불려나와 동참하게 되었다.

아들을 어떻게 설득했기에 머리를 깎는다고 저렇게 수선을 부리나 싶었다. 이제 깔끔하게 머리를 깎은 청년의 모습으로 바뀔 유진이를 생각하면서 나도 기분이 좋아졌다. 그런데 머리를 깎는 도구가 가위가 아니고 면도기였다.

유진이 어깨에 보자기를 둘러 머리를 깎을 자세를 만들어 앉혀 놓고 그의 엄마가 먼저 기도를 올렸다.

"유진이가 10개월 동안 정성스레 기른 머리카락을 이제 자릅니다. 백혈병으로 머리카락이 모두 뽑힌 어린이를 돕기 위하여 기른 이 머리카락이 어린이 가발을 만드는 데 사용되게 된 것을 기쁘게 생각합니다. 자신의 머리카락조차 사회에 봉헌하는 유진이의 따뜻한 마음이 어린 환자들 가슴에 전해지기를 바랍니다."

유진이 엄마의 기도와 함께 그의 머리카락이 잘려나갔다. 머리카락의 길이를 조금이라도 더 길게 하려고 면도기로 바싹 밀고 있었다.

나는 그런 것도 모르고. 그만 새롭게 알게 된 유진이의 착한 마음 앞에 벅찬 감동으로 눈물이 넘쳐날 것 같았다. 아무렴. 유진이는 그러고도 남을 청년이지. 나는 잠시라도 멋으로 머리를 기르는 것으로 오해를 했던 내 생각이 부끄러워졌다.

자신의 머리카락조차도 불우한 이웃을 위해 사용하려는 젊은이들의 건강한 삶이 얼마나 대견스럽고 아름다운 것인가? 10개월이란 긴 시간 동안 불편함도 무릅쓰고 머리를 기르기 위해 견뎠던 유진이는 10개월 동안 하루도 빠짐없이 백혈병 어린이를 생각하고 그들의 고통에 동참해왔을 것이다.

"그래 2년 전 유진이 형의 긴 머리도 그렇게 사용되기 위해 기르던 것이었구나." 나는 불우한 이웃을 생각하며 더불어 사는 건강한 내 조카들의 따뜻한 마음을 비로소 느끼며 자랑스러워졌다.

파랗게 반짝이는 머리를 어루만지며 유진이는 너무도 달라 보이는 자신의 얼굴을 거울 속에 비쳐보면서 어색한지,

"이모, 나 이제 산으로 가면 되지?"

혀로 목탁 소리를 내며 익살스런 표정을 지어 보였다.

잘려진 머리카락을 가지런히 만지고 신문지에 정성스레 싸고 있는 유진이 엄마도 유진이를 보며, 곧 머리가 자랄 거라며 웃어주었다.

나는 그에게 안기기라도 하듯 그의 큰 몸을 꼭 껴안았다.

"유진아, 훌륭한 일을 했다."

나는 자꾸 눈물이 나오려는 것을 참으면서 그의 등을 쓸어내렸다.

바보 이모는 한국에 네 마음을 전하고 싶구나. 캐나다에 살고 있는 한국의 청년, 그는 이렇게 아름다운 마음을 지니고 있다고!

(2003)

미운 자식 떡 하나 더 주기

우리 속담에 '미운 자식 떡 하나 더 준다.'라는 말이 있다. 여기에서 '더 준다' 는 의미는 긍정적인 의미가 아니라 부정적인 의미가 내포되어 있다. 정이 담긴 것이 아니라 미움이 담긴 것이다. 역설적인 의미가 담기기도 한다. 꼴 보기 싫으니 하나 더 가지고 눈앞에서 사라지라는 미움의 표현이기도 하다.

옛말에, 인절미를 많이 먹으면 머리가 터져서 죽는다는 말이 있었다. 그래서 의붓어미가 전실 자식에게 인절미를 자기 자식보다 많이 먹였다. 그것을 안 시어머니가 콩가루를 만들어 두었다가 인절미에 묻혀 먹였다. 그랬더니, 머리가 터지는 것이 아니라 건강한 음식이 되어 잘 자라더란 말이 있다. 그래서 이 속담이 생겨났는지 모른다.

그런데 이 '떡 하나 더'를 긍정적인 다른 시각에서 보면 아름다운 행위의 속담이 된다.

우리 옛이야기이다.

시어머니가 너무 미워서 빨리 죽게 하고 싶었다. 매일 떡을 해서 대접하고 극진하게 모시면 죽는다고 했다. 며느리는 밥도 많이 드리고 맛있는 것도 많이 드리고 그렇게 정성으로 모시니 며느리를 못살게 굴고 미워하던 시어머니가 반대로 너무 잘하는 거였다. 그렇게 해서 두 사람은 관계가 좋아졌고 며느리의 나쁜 마음도 버리게 되었다. '떡 하나 더'가 결국 화해와 화합을 이끌어 내는 사랑의 접근으로 풀게 된 것이다. 그런 의미의 서구적인 발상의 이야기가 있다.

시부모도 남편도 아이들도 모두 자신의 짐이고 아무리 힘들게 일해도 아무도 자신을 알아주지 않고 소외된 기분을 버릴 수 없었다. 자신의 가정은 지옥 그 자체이고 견딜 수 없어 그 집의 주부는 빨리 그 가정에서 도망치고 싶었다. 죽어서 천당에 가면 이런 고통은 없을 것 같았다. 그래서 그는 죽기를 결심하고 하느님께 기도를 했다. 이 세상이 지옥 같아 살 생각이 없으니 당신 곁으로 데려가 달라고. 그때 하느님이 대답했다. '네 소원이 그렇다면 내가 너를 데려오마. 하지만 네가 세상을 떠날 때 추호라도 후회가 남아서는 안 될 것이니 일주일만 말미를 주겠다. 평생 너를 괴롭히던 시부모지만 마지막으로 최선을 다해서 일주일만 극진히 모시고 오도록 해라. 그러면 내가 너를 천국으로 인도하리라.' 그녀는 천국에 가고 싶어서 일주일을 극진히 시부모를 모셨다. 맛있는 것도 만들어 드리고, 구경도 시켜드리고 목욕도 시켜드리고 당신들이 원하는 것이면 무엇이든 최선을 다하여 지극정성으로 모셨다. 그리고 나서 일주일이 지나자 데려가 달라고 기도했다. 하느님이 대답하셨다. '시부모가 기뻐하시는 모습을 보니 후회가 없겠다. 그러면 이번에는 너의 남편에게 일주일만 봉사를 하여라. 내가 기다려 주겠다.' 그녀는 또 미운 남편이지만 그를 위하여 일주일간 최선을 다하여 봉사했다. 정해진 기간에 못할 것이 없었다. 또 마지막이 될 것을 생각하며 최선을 다했다. 하느님이 말씀하셨다. '이제 한 가지만 남았다. 너의 아이들을 위하여 마지막 일주일을 봉사하여라. 그래도 늦지 않다' 이미 세상을 떠나기로 결심한 그녀는 일주일의 봉사가 힘겹거나 부담이 되지 않았다. 자신이 세상을 떠나면 아이들이 어떻게 지낼까 걱정이 된 여인은 빨래며 옷이며 자신이 할 수 있는 모든 것을 바쳐 아이들이 살아가는데 외롭고 불행하지 않도록 해 놓고 떠나려고 최선을 다했다. 그러는 동안 가정은 전과 달리 화목하고 밝아졌으며 그 여인의 헌신적인 봉사와 사랑에 가족들이 그녀를 아끼고 사랑하며 의지하게 되었다. 그녀는 가족의 중심이 되었고 가족들이 그녀를 소중하게 생각하게 되었으며 없어서는 안 될 존재로 생각하게 되었다. 그녀도 스스로 행복함을 느끼게 되었다.

하느님이 말씀하셨다. '이제 떠날 때가 됐구나.' 그때 그녀가

말했다.

"저는 천국이 제 가정 안에 있음을 이제야 알았습니다. 제가 찾은 천국이 이곳인데 어디로 가겠습니까? 저는 하느님 곁으로 가지 않겠습니다."

내가 세상을 어떻게 바라보고 내가 어떤 역할을 하느냐에 따라 세상은 아름다운 천국이 되기도 하고 지옥이 된다는 것을 그녀는 몸소 체험한 것이다.

미운 시부모와 남편에게 마음에 없는 떡 하나를 더 주기 위해서 봉사를 하다 보니 그 떡이 내게 사랑으로 돌아온다는 사실을 깨달은 것이다.

성경 속에 있는 '탕자를 맞는 아버지의 마음'은 미운 자식에게 향하는 아버지의 진정 어린 사랑의 떡 하나 더 주기다.

미운 자식일수록 착한 자식보다 사랑을 더 기울이면 미운 자식이 착한 자식보다 더 착한 자식이 된다는 말이다.

아버지의 재산을 축내고 가출하여 부모를 속상하게 하고 걱정만 끼치던 자식이 돌아오자 아버지는 너무 기뻐 잔치를 베푼다. 99마리 양보다 1마리 길 잃은 양을 찾듯 사랑이란 그렇게 베풀어지는 게 아닐까?

'떡 하나'를 '사랑 하나'로 바꿀 수만 있다면 그 속담의 의미는 사랑을 베풀라는 교훈적인 의미의 속담이 될 수 있을 것이다.

(2005)

백조의 발자국

눈이 내리고 있었다. 주먹 같은 눈이 펑펑 내리고 있었다. 그래도 호수에 날아 든 겨울 철새 백조를 보지 않을 수 없다며 우리 일행은 니이가타新潟에서 동경으로 가는 신칸센을 타러 가던 중 효코瓢湖 백조의 호숫가에서 버스를 세웠다.

이곳 호수의 백조는 러시아에서 날아온 철새란다. 10월부터 4월까지 300마리에서 800여 마리가 날아온다고 하는데 그렇게 많은 새가 날아드는 것은 이곳 주민들이 철새에게 먹이주기를 시작하면서부터라고 한다. 그래서 그 호수는 백조의 도래지가 되었고, 천연기념물로 지정되기까지 했다는 것이다.

좀처럼 사람에게 길들여지기 어려운 백조가 이곳에서만은 사람들과 어울리고, 사람들을 두려워하지 않고, 많이 날아든다고 하니, 이 곳 주민들의 백조를 향한 사랑과 정성이 어떠한가를 짐작할 수 있었다. 텃새도 아닌 철새가 겨울이면 잊지 않고 다시 날아와 겨울을 지내고 돌아간다고 생각하면 이곳은 백조들에게 낙원이나 다를 바 없는 곳이고, 그런 환경을 만들어 자연과 인간이 공존하는 공간을 일구어낸 이곳 주민들 삶의 철학에 존경이 갔다.

우리가 도착한 시간이 마침 백조에게 모이를 주는 시간인 듯 두 사람이 호수 위에서 어부가 그물을 던지듯 모이를 던져 주고 있었다. 호수 안으로 들어갈 수 있는 다리 모양의 나무로 만든 난간 위에서 이곳 저곳으로 기능한 한 모이를 멀리 뿌리듯 던지는 아래로 청둥오리와 백조가 모이를 향해 몰려가고, 그가 뿌린 모이를 받아먹으려고 서로 엉겨 첨벙거렸다.

야생 오리와 백조의 무리가 한데 어우러져서 전혀 낯설지 않게 사람 곁으로 다가가는 것이 마치 길들여진 동물원의 새들 같았는데 그 장면이 너무 아름다웠다.

내가 물가로 다가갔을 때 백조들은 의젓한 자세로 청둥오리들 뒤편에서 유유히 고개를 들고 떠 있었다. 수백 마리가 차이코프스키의 '백조의 호수' 선율 속에서 군무를 즐기는 것 같았다. 눈 내리는 회색빛 공간에서 군무를 즐기는 백조를 처음 보는 일이어서 발레의 '백조의 호수'가 비로소 실감이 났다. 한참을 그들만을 지켜보다가 문득 물가에 그들이 남긴 발자국을 내려다보았다. 깜찍한 세 가닥의 발자국들은 서로 어우러져 옷감의 무늬처럼 눈 덮인 호숫가에 화폭을 깔아놓았다.

그 발자국들이 너무도 아름다운 그림의 무늬로 보였다. 눈이라는 흰 화폭 위에 찍힌 발자국의 흔적들은 오리나 백조가 상징화된 조형적인 아름다움을 지니고 있었다. 한두 마리의 발자국이라면 새의 가냘픈 발자국으로 느껴지겠으나 워낙 많은 발자국들은 이미 발자국이 아닌 새의 집단 이미지만을 구축해내고 있었다.

나는 단 한 마리의 백조라도 뭍으로 올라 내게 와 주기를 기다려 보면서 백조의 발자국이 밟힐까 조심스럽게 발을 옮겼다.

하얀 눈 위에 찍힌 발자국들은 많은 이야기를 들려주고 있었다. 그 발자국들은 무리를 지어 호수로 들어간 흔적이다. 더러는 옆으로 가기도 하고 멈춰 섰던 흔적도 있지만 되돌아서서 반대 방향으로 걸어간 발자국은 보이지 않았다. 그들의 감각은 질서를 담고 있는 것 같았다. 그 흔적 속에는 수만 리 창공을 날아와 머무는 철새의 삶의 흔적이 담겨 있었다. 그 흔적은 하늘에서 내려와 착지할 때 내딛는 발자국이나 비상을 준비하는 발자국을 숨긴 휴식과 평온함, 부드럽고 가벼운, 그래서 눈에 덮여 이내 지워질 그런 흔적들로 보였다. 백조가 이곳을 떠날 때 일제히 날아오르는 비상의 흔적은 어떤 자국으로 남겨질까? 아마도 그 흔적은 힘 있고 강렬한 인상이 담기는 흔적으로 찍힐 것이라는 생각을 해본다.

나는 생동감이 넘치는 자연의 그림을 겨냥해서 카메라의 셔터를 눌렀다.

버스에 오를 시간이 되어 호숫가를 떠나면서 우리들이 남기는 흔적도 저러하면 얼마나 아름다울까? 생각해 보았다. 생각이 합치고 마음이 모여 하나로 흘러가는 아름다운 물결, 누가 이끄는지 드러나지도 않지만 서로를 배려해서 서로가 화합하며 하나가 되는 물결, 그것은 참으로 아름다운 자국일 것 같았다. 그들이 날개를 펼치고 날아오르는 군무를 보지 못한 채 그곳을 서둘러 떠나야 하는 아쉬움이 남았지만 백조와 오리의 공존, 그리고 그들이 남기는 흔적의 발자국들은 인상적이었다.

나는 겨울이면 가끔 서산 천수만, 강화도 개펄 등지에서 겨울 철새들을 바라본다.

해질녘 수백만 마리의 겨울 철새들이 펼치는 비행의 군무를 바라보면 장엄한 교향곡을 들을 때처럼 심장이 멎는 것 같은 감동을 느끼게 된다.

작은 점들이 모였다가 흩어지고, 흩어진 무리가 다시 유연한 선을 그으며 한삼자락을 휘젓는 춤사위로 휘돌아 오르는 모습은 언제 보아도 장관이다. 그 모습은 생명의 약동, 하나가 되는 질서와 화합의 교향악이다.

새들은 멀고 먼 둥지를 떠나 겨울을 나기 위해 여행길에 오르고, 먼 창공을 향해 멀리 떠나는 고달픈 여정이 이어지지만, 그 여정이 그들의 삶을 지탱시켜주는 힘이다. 수천 km를 날아오는 작은 새들은 함께 날고 있음에 가능할 것이다. 철새가 지니는 삶의 신비, 그것을 새삼 되씹어본다.

나는 버스로 돌아가면서 눈밭에 찍힌 내 발자국을 되돌아본다.

사람들도 자신의 발자국을 남긴다. 시간의 모래 위에 작은 발자국 하나가 내 그림자처럼 따라온다. 그 발자국이 훗날 새의 발자국 속 아름다운 한 폭 그림의 한 획이 되어 은하수 속의 별처럼 모든 별에게 한 시대를 함께 한 흔적의 배경이 될 수 있을까?

고대인은 인간의 고향은 하늘이므로 땅에 내려와 살다가 죽으면 다시 하늘나라로 돌아간다고 생각했다. 그래서 사람이 죽으면 장례를 큰 새의 깃털로 꾸미는데, 죽은 이가 하늘로 날아오르기를 바라는 뜻에서였다. 나도 죽어 신탁으로 새가 된다면 이 호숫가의 백조처럼 우아하고 아름다운 모습의 한 마리 백조로 힘차게 날아오르고 싶다. 내가 이 땅에 남기는 발자국은 이내 지워져버리는 여린 발자국이라 해도.

(2008)

콩나물을 키우며

콩나물을 키운다.

가을에 거둔 검은 기름콩油太의 눈이 좋은 것을 골라 물에 불려 싹을 틔우고 시루에 안쳐 놓고 물을 준다. 하루에 열 번쯤, 조금 더 정성을 들여 몇 번 더 물을 주고 콩나물시루 보자기를 덮어 햇볕을 받지 않도록 하고 정갈하고 따뜻한 곳에 둔다.

콩나물시루에 물을 주면, 〈시루에 물 붓듯이〉라는 속담처럼 물을 줄 때 뿐, 물은 그 즉시 모두 밑으로 빠져나가고 콩나물은 샤워를 한 모습으로 잠시 촉촉할 뿐이다. 콩 눈에서 싹이 트고 올챙이처럼 꼬리를 내려 고개를 들면 콩들이 살아 숨 쉬는 것을 보게 된다. 혼자 욕심을 부리며 물을 머금고 있는 것도 아니고, 비좁다고 자리다툼하며 자신의 자리를 넓히려고도 않으며 포개어진 대로 서로 얼싸안고 다독거리며 자리를 잡는다. 이

따금 받아 마시는 물은 목마를 때 목을 축이는 만큼으로 족하다. 지나가던 나그네가 냇가를 지날 때 손으로 흐르는 물을 떠먹고는 그저 길을 가듯 그만큼의 물로 만족하며 봄비 맞는 새싹처럼 고개를 세운다.

옛날 어른들은 먼 길을 떠날 때면 따로 물을 지니고 가는 것이 아니라 표주박 하나만 달랑 매달고 떠났다. 그런 나그네의 목마른 시간만큼 거리를 두고 물을 주면 콩나물은 한 모금의 물로도 행복한 듯 잘 자란다. 어둡고 비좁은 공간, 서로 어깨를 비비기에도 힘겨운 공간이지만 콩나물은 얌전하게 잘도 어울린다.

어느 날 아이들이 문득 자라 있듯이, 아무 것도 모르던 아이들이 나이만큼 행동하듯이 콩나물은 자신들도 모르게 그렇게 훌쩍 훌쩍 자라 세상 밖으로 고개를 내민다.

학교에서 매시간마다 배우고 돌아서면 아무 것도 기억에 남는 것이 없다 해도 알 것 다 알고 잘 자라는 아이들처럼 이따금 스쳐 가는 물을 머금고 있지 않아도 콩나물은 신기하게도 다른 모습으로 매일매일 잘도 자란다.

그렇게 자라 주는 콩나물을 보면서도 사람들은 대견해하기보다 엉뚱한 생각들로 콩나물에 욕심을 부려본다.

거름을 주면 더 잘 자랄 거라고 콩나물에 거름을 주려 한다. 거름을 주면 콩나물 뿌리에 잔뿌리가 생기고 더 시간이 지나면 거름에서 뿜어 나오는 열로 이내 몸이 썩어버리지만 그런 것은 모른 채 자기 생각대로 콩나물을 키워 보려 한다. 또, 찔끔찔끔 부어 주는 물보다 물속에 담가 두면 한꺼번에 많은 물을 먹고 콩나물이 더 잘 자라리라 생각하고 물 호스를 대어놓고 좋아라 한다. 그런데 콩나물은 물속에서 자라기는 고사하고 썩어버린다.

콩나물은 이따금 소나기처럼 부어지는 물에 자라는 것이지 그 이상의 아무 것도 필요하지 않다. 콩나물이 요구하는 만큼의 물주기, 그 정성 하나면 족한 것을 콩나물이 아닌 자신의 생각대로 콩나물을 키우려 한다.

콩나물이 바라는 만큼의 정성으로 지켜보면 스스로 잘 자라는 것처럼 그저 부모가 지켜보는 사랑과 정성만으로도 자신들의 모습으로 잘 자라는 아이들을 부모들은 거름을 주려하고, 물 호스를 대어 놓으려 하고, 무리 속에서 키 재기를 시키려 하고 욕심껏 물을 머금게 하려 한다. 그렇게 자녀들을 자기식대로 키우려는 사람은, 산 속에서 스님에게 칼을 들이대며 불법佛法을 보여 달라고 하던 도둑 같은 생각이 든다.

옛날 산길을 가던 스님이 도둑을 만났다. 그 도둑이 스님의 배낭을 빼앗아 풀어 보았지만 배낭 속에는 아무 것도 없었다. 화가 난 도둑이 스님에게 말했다. "당신이 가지고 있는 가장 값진 것이 무엇이요?" "나는 중이니 불법을 소중히 간직하고 있을 뿐이요."

"그 불법을 내어놓으시오."

그 말을 들은 스님은 시 한 수를 읊었는데,

해마다 봄이면
나무들은 꽃을 피우지만
그 나무를 베어 봐도
그 속엔 꽃이 없네.

아이들은 콩나물처럼 그렇게 자라는데, 또래들 속에서는 서로 어울리고 잘 자라 자신들의 인격과 품성을 지녀가고 세상을 살아가는 안목을 넓히고 삶의 길을 스스로 열어 가는 능력을 키우는데, 그들의 학습능력이나 결과만을 보여 달라고 달려드는 어른들을 생각하면 그 도둑과 무엇이 다를까? 초등학교, 중학교, 고등학교 수업시간에 배운 것을 어른이 된 뒤에도 모두 기억하는 바보는 없을 터인데….

(1988)

계곡의 물소리

산에 오른다. 산을 오르며 눈부신 햇살 속에 속살을 드러내는 얼굴을 본다. 유난히 푸르다. 안개를 걷어 올리며 드러내는 얼굴은 신부를 대하는 느낌이다. 산은 나무의 살 냄새로 싱그럽다.

산은 내게 언제나 고향이다. 외로울 때, 괴로울 때, 혹은 머리가 복잡할 때도 산에 안기면 산은 내게 마음의 평안을 준다. 나무 그늘에 앉아 쉬노라면 산은 낮게 고개를 숙여 내 마음에 귀를 기울이고, 들뜨고 불안하고 조바심하는 내게 기다리라 한다. 생각하라 한다. 언제나 그 자리에 한결같이 같은 모습으로 서 있으되 어제가 다르고 오늘이 다른 산. 그런 산의 마음을 읽으라 한다. 닮으라 한다. 언제나 사유하고 침묵하며, 관용하는 마음으로 바라보라 한다. 나는 그런 산이 좋아 산에 오르고 산처럼 마음을 여민다.

산에 오른다. 계곡을 지나며 흐르던 물소리를 찾는다. 여름 장마가 지난 지 며칠 되지 않았는데 벌써 골짜기에는 물소리가 없다.

가슴을 서늘하게 씻어 내리고 마음의 찌꺼기들을 한 번의 손길로 닦아주던 그 물줄기, 흐르는 소리가 들리지 않는다. 보이지도 않는다. 마른 돌들만 가슴을 들어내고 발등을 핥고 지나가려는 작은 물살이 아까운 듯 머금고 있는 모습들이다. 물소리를 꿀꺽 삼켜 버린 계곡. 그래서 매미소리만 소나기처럼 쏟아지고 있다.

계곡을 질러가다 잠시 쉬며 물소리 청청하던 계곡을 생각한다. 계곡 물에 발을 적시면 더위는 어느새 간 곳이 없고 물가 바위 위에 누워 잠이라도 자고 싶은 유혹이 서리던 곳이었다. 물속에 돌을 들추면 뒷걸음질로 도망치던 가재가 있었고 조그만 소沼에는 피라미 떼들이 분주히 오갔었다. 지금은 물이 없는 마른 골짜기, 산의 혈맥이 말라 가는 신호 같아 마음이 어두워진다. 나무들은 전과 다름없고 비도 전처럼 장마로 산을 흔들고 지나갔는데 숲은 어인 일로 물을 감추고 빈 계곡만 남았는지 모를 일이다.

바위에 앉아 물소리만 되새김질하다 발길을 돌린다. 가재굴에 박혀 있는 비닐 쓰레기주머니들의 춤들을 뒤로하고 계곡을 벗어난다. 그래도 산은 말없이 푸르고 하늘도 푸르다.

계곡을 흘러가던 물이 그립다. 그 물들은 떡갈나무 낙엽에 고이 간직되어 스며 있던 물방울들이다. 나무의 실뿌리들도 고무풍선처럼 물주머니들을 하나씩 부풀려 간직했던 물방울들이고 아침마다 풀잎에 내린 안개로 맺힌 이슬방울들이 구르며 모인 작은 물방울들이다. 그 물방울들이 모여 샘이 되고 그렇게 간직되어 온 작은 샘에서 흘러나온 물들이 골짜기로 흐르고 모여 비로소 시내가 되어 물소리 청청하게 숲을 적시던 물줄기요 물소리였다.

서로 손잡고 마음을 모아 흘러가던 물, 그 소중하고 귀한 물이 지금 어디에 고여 자취를 감추고 있는 것일까? 골짜기는 마르고 물소리는 잦아들어 내 입의 침도 마르는데 언제 다시 이 골짜기에 물줄기 넘실대는 흐름을 볼 수 있을 것인지. 오늘 아침도 산의 얼굴을 씻기던 안개가 전과 다름없었건만 풀잎에 구르는 이슬방울은 햇살 속에 증발한 듯 간 곳이 없다.

내 가진 모든 것 중 아주 작은 것을 조금씩 나누고, 조금씩 나눈 마음이 모여 샘물이 되고, 그 마음의 미덕으로 숲이 푸르러 산은 언제나 아름답거늘 조금씩 나누던 마음을 닫아 가는 심사는 언제부터 시작된 것일까?

TV화면에서 본, 여섯 살 난 소년의 울음을 삼키던 모습이 떠오른다. 할머니와 단 둘이 무허가 집에서 살다 헐리는 바람에 함께 살 수가 없어 복지재단으로 가면서 할머니와 나누는 이별의 장면이다. 소년은 어른처럼 할머니 앞에서 눈물을 삼키며 태연한 척했다. 연신 주먹으로 흐르는 눈물을 닦던 소년. 그날 신문에 점심 도시락이 백만 원짜리가 있다는 기사가 실렸었다. 스카프 한 장에 천오백만 원짜리가 있다던가? 스카프 한 장 값만도 못한 삶의 보금자리가 없어 헤어져야 하는 여섯 살 소년의 눈은 그저 푸르고 투명하기만 했었다.

그런 소년을 보면서 나는 수화기를 들고 전화를 돌렸었다. 빠르게 올라가는 화면속의 숫자를 보면서 풀잎 위의 투명한 이슬방울들을 생각했었다. 내가 단 한 방울의 작은 이슬방울이고자 함이 너무도 부끄러웠다. 하지만 부끄러움을 무릅쓰고 다이얼을 돌리고 싶었다. 손이 자꾸 떨려 내 전화는 걸리지 않을 것만 같았다. 풀잎에 영롱하게 빛나는 이슬방울들을 생각하면서 그때는 계곡 물이 철철 흘러갈 거라고 생각했었다. 물방울이 모여 강을 이루고 바다에 이르리라. 모두의 염원을 보며 가슴이 벅차기도 했었다. 천 원의 작은 물방울, 우리 마음에 그 물기가 없어지지 않고 있어서 빠르게 모이는 물방울들을 보았었다. 비록 발목을 적시기에도 부족한 물이지만 계속 이어지리라는 생각으로 내 마음은 이슬비로 촉촉이 젖기도 했었다.

"여기 웬 아이가 보리빵 다섯 개와 작은 물고기 두 마리를 가지고 있습니다마는 이렇게 많은 사람들에게 (5,000명)그것이 무슨 소용이 되겠습니까?…

그때 예수께서 손에 빵을 드시고 감사의 기도를 올리신 다음 거기에 앉아 있는 사람들에게 달라는 대로 나누어주시고 …사람들이 모두 배불리 먹고 난 뒤에 …보리빵 다섯 개를 먹고 남은 부스러기를 제자들이 모았더니 열두 광주리에 가득 찼다"

(요한복음 6, 7 ~ 13)

나는 이 성경구절을 떠올리기도 했었다. 소년이 지닌 보리빵과 물고기 두 마리. 그것은 여섯 살 소년의 투명한 눈망울과 할머니를 떠나고 싶지 않은 소박한 꿈으로 생각되었다. 5,000명을 먹이기에도 어처구니없도록 부족한 두 개의 빵이지만 예수님은 감사의 기도를 드리고 모두에게 나누어주었다. 그런데 먹고 남은 빵이 열두 광주리가 되는 기적은 무엇인가? 그것은 나누는 마음과 나눔으로써 커지는 사랑하는 마음을 보여주는 기적이다.

내가 지닌 천 원은 이 소년을 위해서 아무것도 할 수 없지만 소년을 향한 나누는 마음이 먹고 남은 부스러기 빵 열두 광주리의 사랑으로 커질 것이다. 나만 잘 살면 되고 내 일만 하면 된다는 세상에서, 굳어진 스펀지처럼 한번 흡수하면 나오지 않는 모두의 닫힌 마음처럼 세상이 메말라 간다고 해도 소년의 작은 보리 빵 하나와 작은 물고기 하나가 있어 그 감사의 기도로 우리는 그 기적의 식탁에 참여할 수 있음이 얼마나 다행한 일인지 모른다.

나는 TV속에서 눈물을 삼키던 소년의 보리 빵을 생각하며 산을 오른다. 비록 계곡의 물소리는 들을 수 없지만 내 안에서 이명처럼 울려오는 물소리를 듣는다. 수많은 목마른 사람들의 가슴을 적시고 지나가는 기적의 물소리를.

산은 말없이 내게 고개를 숙여 미소 짓고 있다. 산은 여전히 푸르다.

(2000)

2부

그림자 그리기

묵주기도를 마치고 촛불을 끄려다 성모상 뒤로 나타나는 그림자를 바라본다. 오늘따라 성모상의 초상이 선명하게 벽에 비친다. 머리에서 어깨선을 따라 흘러내려간 부드러운 베일의 윤곽이 기도하시던 어머니의 뒷모습으로 보인다. 그림자를 그리던 옛 여인처럼 그림자의 윤곽을 따라가며 손가락으로 초상을 그려본다. 촛불을 향해 앉아 계시던 어머니를 그린다.

어머니가 기도를 드릴 때 언제나 뒤에서 그 모습을 지켜보던 나였다. 지금은 내 뒤에서 나를 지켜보시는 분이 계신 것 같아 조용히 귀를 기울인다. 그림자 속에서 어머니의 기도소리가 울려 나온다. 울컥 그리움으로 가슴이 떨린다. 그리움은 마음에 드리운 그림자, 잡히지 않으면서도 벗어날 수 없는 그늘로 나를 감싼다.

BC 6세기경 고대 그리스의 시키온에 살던 도공 부타데스의 딸은 전쟁터에 나가는 연인과 헤어지기 전에 램프 불에 비친 연인의 그림자를 벽에 그렸다고도 하고, 사랑하는 연인이 전쟁에서 돌아오지 않자 그 그리움을 달래기 위하여 벽에 그의 그림자와 같은 실루엣을 표현하였다고도 하는데 이것이 그림의 시초라고 한다.

나는 고대인의 마음이 되어 본다. 고대인은, 그림자를 그 사람의 분신으로 생명의 힘을 대변하는 살아있는 실체로 보았다. 인간은 누구나 그림자를 지니고 살고 있다. 형태를 지니지 않는 것은 그림자를 지니지 않으니 그림자는 존재하는 것의 다른 모습이다. 그렇게 그림자를 인식했다. 그리고 이를 통해 기다림과 그리움을 정화시켜 나가려 했다.

조세프-브누아 쉬베가 1791년 살롱전에 출품했던 '부타데스 혹은 그림의 기원'이라는 제목의 그림을 생각한다.

그 그림은 고대 희랍의 코린트 여인 부타데스의 고사를 담아내고 있다.

램프가 어둠을 밝히고 있는 방 안 왼편 벽에 두 사람의 그림자가 선명하게 드러나 있는데, 여인은 연인의 등 너머로 벽에 비친 그림자의 윤곽선을 따라 남자의 초상화를 그리고 있다.

옆모습의 여인이 남자 쪽으로 몸을 비스듬히 기대고, 반쯤 앉은 자세로 여인을 부둥켜안은 남자의 얼굴은 위로 젖혀져 있다. 오른 쪽에 있는 램프 불빛으로 여인의 옷과 목덜미가 환하게 빛나고, 여인의 옆얼굴과 남자의 몸은 절반가량 어둠에 잠겨 있다.

이별을 앞두고 자기 애인의 모습을 그림으로 간직하기 위해 벽에 비친 연인의 그림자를 그대로 따라 그리고 있는 그림이다.

그림 속 여주인공은 떠나보내야 하는 연인을 돌아오기까지 기다리며 벽에 그려진 초상과 함께 이별의 아쉬운 시간을 지우기 위하여 그림자를 그리고 있는 것이다. 떠나는 연인도 자신의 초상을 남기고 떠남에 여인을 결코 떠나지 않고, 돌아온다는 증표로 삼는다는 것을 보여주고 있는 것이다. 그림자로 그려진 초상은 연인의 구체적인 표상이 아니기에 구체적인 모습으로는 다 담아낼 수 없는 사랑과 연민을 도리어 모두 담아낸 것으로 바라볼 수 있다. 한 선으로 그려진 그림자의 추상적인 표현이 모든 것을 내포하고 수용할 수 있기에 그림자 초상을 바라보는 여인은 연인과 만들었던 자신에게 내재된 사랑의 시간을 모두 그림자 속에 투영할 수 있을 것이다.

나는 그런 생각을 하며 성모상의 그림자 윤곽을 따라 어머니의 초상을 그려간다. 비록 어머니의 그림자는 아니지만 내 기억속의 간직한 모습으로 더 가까이 함께 있다는 생각을 할 수 있는 나만의 모습으로 벽에 어머니 생각을 그리고 있는 것인지도 모른다.

그림자는 많은 표정들을 감싸안은 기억의 압축 파일인지도 모른다. 나를 한없이 측은한 마음으로 내려다보시던 어머니의 표정, 나로 하여 슬픔이 고일 때 눈물 머금은 눈으로 조용히 지켜보시던 눈길, 기쁨이 넘칠 때 맑은 눈으로 내 눈을 그윽이 바라보시며 입가에 미소를 머금던 모습…. 나를 향하던 눈길만도 헤아릴 수 없이 많이 살아 나온다. 언제나 기도를 드리시던 뒷모습에서도 나를 향한 어머니의 마음을 읽을 수 있었다. 지금도 눈을 감으면 어머니의 그림자 속에 이름 지울 수 없는 수많은 사랑이 내게 다가온다.

나는 눈을 감고 그리움의 바다를 헤엄친다. 눈을 감으면 선명하게 다가오는 아름다운 모습, 그 모습이 있는 세상은 시공을 초월한 꿈의 바다다.

나는 눈앞에서 지워지는 것을 기억 속에 담아두고 전과 다름없이 항상 내 곁에 존재하는 것으로 생각하려 한다. 그 마음을 표현해낼 수는 없지만 그로 해서 마음의 위로를 삼으려 한다.

화가는 산을 그리고, 들을 그리고, 나무를 그리지만 그것은 산이나 들이나 나무가 아니요 자신의 기억 속에 존재하는 그림자를 담아낼 뿐이다. 그처럼 그림자는 실체가 아닌 상징일 뿐이지만 그 상징은 실체의 역할을 한다. 그러기에 그림뿐 아니라 모든 예술은 끊임없는 자기 기억의 이미지들을 발췌해서 여러 형태로 표현해내려는 자기 반영인지도 모른다.

하지만 나는 어머니를 향한 내 마음을 한 줄도 표현해낼 수가 없다. 기억이 없어서가 아니라 너무 많아서 어떤 표현으로도 기억 속의 모습을 담아낼 수가 없다. 그저 눈을 감고 어머니의 초상을 향할 뿐이다.

촛불을 끄고 어둠 속에 앉아본다. 세상이 온통 검은 바위 동굴 속 같다. 그림자조차 지워진 어둠 속에서 암각화 하나를 새긴다. 내 마음 속 그리움의 징을 들어 어둠의 바위에 어머니를 새긴다. 성모님의 미소 뒤로 모습을 감춘 그림자를 찾아 간절한 고백의 기도를 바친다.

(2007)

어머니의 자개장

잠자리에 누워 자개장을 바라본다. 어머니가 쓰시던 자개장이다.

1970년대 전례 없는 나전공예의 전성시대를 맞으면서 기법도 현대감각에 맞게 더욱 정교하고 다양해질 무렵 통영 장인의 손에 맡겨 만들어진 장이다.

자개장의 매력은 옻칠의 검은 색과 조개껍질(자개)의 무지갯빛이 어우러진 조화다. 은근히 호화롭고 고풍스러운 품격을 지닌 장롱은 가구 이전의 멋을 지닌 작품을 대하는 느낌이다.

열자짜리 장롱 앞면을 빼꼭히 메운 자개문양이 눈부시다. 연당초무늬, 쌍봉무늬에 매죽이며 화조, 십장생 등 그 다양한 무늬를 꼼꼼히 살피노라면 깊은 숲속을 거닐기도 하고, 정자에 앉아 풍류를 즐기기도 하고, 무릉도원을 거니는 주인공이 되어

보는 착각에 빠지기도 한다.

새들의 눈동자 하나하나 표정 하나하나가 살아서 움직인다. 오리가 앉은 물가에 물보라가 치고, 물빛은 햇빛에 반짝인다. 수양버들은 바람에 살랑이고 공작의 깃털이 무지갯빛으로 춤춘다. 풀숲에서 뛰노는 사슴은 금방 몸을 숨길 것 같고, 저물녘 구름 사이로 기러기는 줄지어 날아오르고…. 소나무 아래 정자에 앉아 있으면 절로 시흥이 솟을 것 같은 그림 속을 거닐어 보는 즐거움도 동화 속처럼 재미있다.

나는 어머니와 자리에 나란히 누워 바라보면서 자개문양이 엮어내는 그림 따라 한국인 정서 속의 이상향이란 저런 것이 아니겠는가 하며 우리의 무릉도원을 이야기하며 겨울밤을 보낸 때가 많았다. 어린 날 잠자리에 누워 천장무늬를 바라보며 도형 속 미로를 달리기도 하고 여러 가지 기하학적 모양을 만들며 글자도 만들고, 문장도 만들고 하던 때처럼 자개장도 잠들기 전까지 많은 이야기를 만들어 주었다.

지금도 찬찬히 바라보면 많은 이야기와 만나고, 우리 옛 선조들의 풍류가 담겨 있음을 새삼 느끼게 된다. 때로는 한길만을 걸어온 어느 이름 모를 장인의 외골스런 정신과 만나기도 하고, 혼신을 다해 자개 한 조각 한 조각 이어가며 작품을 만드는 진솔하고 끈기 있는 손길과도 만나게 된다.

어머니는 왜 이 장롱을 좋아하셨는지 이제야 알 것 같다. 경대며 사방탁자며 문갑까지 한 솜씨로 들여 놓으시고 30여

년을 어루만지며 어느 한 곳 자개가 상하거나 떨어지거나 상처 자욱하나 내지 않으셨던 어머니시니 자개장의 외형을 보신 것이 아니라 한 장인이 장롱 하나에 쏟은 시간과 노력, 인고와 겸손을 보셨기 때문일 것이다.

그런 어머니에게 젊은이들이 좋아하는 신식 장롱을 들여놓자고 했었다. 요즘 어느 집에도 자개장은 없다고, 이제는 고물이 다 된 장롱은 우리 집에만 있다고, 그래도 어머니는 자개장을 고집하셨다. 하루아침에 뚝딱 기계의 도움을 받아 만들어 놓은 장롱은 그저 물건일 뿐이라고, 장인의 정성과 솜씨가 담긴 자개장에 비길 바가 아니라고. 그때의 어머니 마음을 이제야 헤아려 보는 것이다. 사람의 땀 냄새가 배고, 숨결이 실리고, 손으로 다듬고 짜 맞춘 틀에서 자개를 붙인 손끝의 정성까지 어찌 돈으로 환산될 것이며 유행을 따를 수 있을 것인가.

지금 나는 어머니가 그리우면 자개장을 바라보며 어머니 마음을 찾아 읽는다. 어머니도 홀로 누워 쓸쓸하고 외로울 때면 자개장 속의 세상을 거닐며 외로움을 달래셨을 것이다. 장롱을 바라보며 인간의 이상향을 꿈꿀 수 있다는 것. 얼마나 즐거운 일인가.

조개껍데기를 숫돌에 갈아서 여러 두께로 만들어낸 것을 나전의 문양대로 목심을 도려내고 거기에 끼우기도 하고, 문양을 아교나 풀로 붙이기도 하고, 자개를 잘게 부수어 뿌려서 붙이기도 하고, 자개의 머리털 같이 가는 선을 새기는 방법 등으로 꽃잎 · 나뭇잎 · 깃털 등을 나타내고 칼을 사용하여 자개에 무늬를 양각하는 방법 등 보통 노력과 기술이 아니면 어려운 작업으로, 자개를 붙이고 나면 그 위에 옻칠을 하고, 그 옻을 닦아서 나무에만 옻칠을 남기고 자개에 윤을 내는 그 작업은 보통 수고스럽지가 않을 것이다.

그렇게 한 작품을 몇 년을 두고 만들어 낸 자개장을 버리고 신식 장롱을 사자고 한 내 상식이 부끄럽기까지 하다.

사람들이 우리 집에 오면 지금도 자개장을 쓰느냐고 한다. 전에 내 생각처럼 버리고 유행의 새 장롱으로 바꾸라고 한다. 그러나 이제는 나도 자랑스럽게 대답하고 싶다.

이 자개장은 우리의 문화재로 오래 오래 보존해야 할 거라고, 거기에 어머니의 정성과 손길이 묻어있는 가보라고.

(2007)

할머니가 받은 연하장

오늘은 어머니가 환히 웃고 계시다. 손자와 증손자의 연하장을 받으셨으니 얼마나 흐뭇하실까. 증손자를 무릎에 앉히고 어르시는 어머니 음성이 들리는 것 같다.

연하장이 놓인 어머니 영정 앞에 앉아 저녁 인사를 드린다. '어머니, 증손자가 대견하지요? 많이 컸지요? 4살인데 가족 이름을 다 쓸 줄 알아요. 어린이집에서도 여자 친구가 있다고 자랑을 해요, 둘째는 돌 때 뛰어다녔으니 형이 하는 것이면 모두 따라 하려고 해서 옷도 장난감도 똑같이 해 줘야 한대요. 그래도 손자 대에서는 아들이 둘이에요.'

사진 속의 어머니는 얼굴 가득 미소를 머금고 계시다.

연말이 되면 함께 살지 않는 형제나 친지들이 연하장을 보내온다. 이번에도 연말과 크리스마스를 겸한 조카네 가족이 보내온 연하장이 배달되었다. 나와 언니, 동생 등 고모에게 보내는 연하장과 함께 어머니에게 보내는 연하장이 함께 배달되어 왔다. 그것을 보면서 우리는 놀랍기도 하고 돌아가신 할머니를 기억 못할 손자도 아니어서 의아한 가운데 어머니 앞으로 온 연하장을 뜯어보았다.

사랑하는 할머님께

비록 저희와 함께 계시지는 않지만, 할머님은 항상 저희 마음에 계십니다.

언제나, 어디서나, 또 천국에서도 저희를 위해 기도해주시고, 축복해주시고, 잘되라고 도와주셔서 감사합니다.

하늘나라에서도 건강하시고, 행복하세요.

새해 복 많이 받으세요.

증손자 현준, 현민 그리고 손자 승원, 문숙올림

끝에 이름은 네 살짜리 증손자가 연필로 썼다.

그리고 카드에 작은 쪽지 하나가 더 들어 있었는데 거기에는 이런 말이 씌어 있었다.

'큰 고모님 혹 할머니 사진 모셔둔 방에 우리들의 인사 카드 없으면 할머니께서 조금 쓸쓸해하실 것 같아서요. 할머니 사진 앞에 놓아주세요. 조카 승원'

할머니 영전에 보내는 카드를 읽던 우리 딸들은 그만 조카의 마음에 감동으로 눈물을 흘리고 말았다.

우리 마음속에는 아직도 어머니가 살아 계시지만 다른 가족들도 어머니를 생각하고 있다는 사실이 얼마나 고마운지 모른다. 어머니와 함께 잠자리에 들고 함께 잠자리에서 일어난 우리라 새삼스런 것이 아닌데 손자, 증손자까지 할머니를 마음속에 모시고 기억하고 살고 있다고 하니 진정 어머니는 우리 곁에 계신 것 같았다.

어머니는 비록 내 곁에 계시지 않지만 어렵고 힘든 일이 있으면 지금도 나의 유일한 상담자가 되어주시고 언제나 허전한 마음을 채워주신다. 나처럼 우리 형제들도 모두 그런 것 같다. 그래서 우리는 어머니 통장에 명예만 바꿔놓고 그 통장에 용돈을 넣어 드린다.

금년에도 살아계실 때처럼 새해 첫날에 어머니 영정 앞에서 세배를 올리고, 살아계실 때처럼 세뱃돈을 봉투에 넣어 드렸다. 어머니는 자식들이 그렇게 드리는 돈을 가지고 일가친척들이 세배를 오면 그 돈으로 세뱃돈을 주시며 즐거워하셨다. 금년에는 큰언니가 어머니를 대신해서 우리들에게 세뱃돈이라며 어머니 세뱃돈 봉투에서 만원씩 세뱃돈을 주었다. 우리는 그 돈을 지갑 속에 넣고 일 년을 다닌다. 세배 오는 사람들에게 세뱃돈을 주고, 성당에 후원금도 내고 일가친척이 다녀가면 차비도 주고 학용품도 사준다. 가끔 당신 용돈으로 우리들은 회식도 한다.

이번에 어머니는 연하장을 보낸 손자 가족에게 뮤지컬 '라이온 킹'의 관람권을 예매해서 선물로 주셨다. 어머니가 살아 계셨다면 분명히 그리 하셨을 거라며 우리는 어머니를 대신해서 의견을 모으고 모두를 기뻐하였다.

정월 초하룻날 차례를 지내러 남동생 집에 갔을 때에도 현준이는 어디서 찾았는지 증조할머니 사진을 들고 나와 차례 상 앞에 놓는 것이라며 부산하게 오갔다. 제법 어른스런 모습으로 잔을 올리는 것을 돕고, 절을 하고, 어른들 틈에 끼어 의젓한 모습을 보이기도 했다. 물론 동생 현민이도 형을 흉내 내며 뒤뚱거리며 따라다닌다. 어른들과 함께 하는 재미있는 놀이로 참여하지만 그런 가운데 할머니를 기억해가는 것이 집안에 대통을 이어가는 자손의 모습이기도 한 것 같아 보기 좋았다.

우리 어머니는 딸 다섯에 아들 하나를 두셨다. 그 외아들의 외아들이 내 조카 승원이다. 그는 어려서부터 할머니와 한 집에서 생활한 시간은 갖지 못했다. 청년기에는 외국에서 공부를 하느라 가족을 떠나 있기도 했다. 그래서 할머니와 고모들과 살뜰한 정을 나눌 시간도 갖지 못했지만 할머니가 자기를 얼마나 소중하게 생각하고 사랑하셨는지를 잘 알고 있는 것 같았다.

어머니가 돌아가셨을 때, 입관을 할 때에도 우리는 어머니와 마지막 작별인사를 엎드려 어머니 이마에 손을 얹는 것으로 대신했다. 그런데 승원이는 무릎을 꿇고 앉아 할머니 얼굴에 오래도록 입을 맞추며 작별인사를 했다. 그 모습이 슬픔에 겨운 우리들에게 얼마나 큰 위안이 되었는지. 지금도 생각하면 든든한 장손다운 모습으로 기억된다.

할머니에게 올리는 연하장은, 어쩌면 할머니를 여의고 쓸쓸한 새해를 맞을 고모들을 위로하려는 조카의 배려인지도 모른다. 할머니가 사랑했던 가족 모두를 장손의 품으로 끌어들이는 한국 전통에 젖은 보수적인 가족제도를 생활해 나가려는 그로 해서 천국에 계신 어머니와 우리는 더없이 가깝고 행복한 일 년을 보내게 될 것 같다.

어머니도 그럴 거라며 미소를 지으신다.

(2007)

진달래꽃

산에 오른다.

서럽도록 아름다운 진달래가 능선마다 넘실거리며 눈물처럼 쏟아져 내린다. 소쩍새 울음 빛이다. 낮은 산자락 돌무더기 위에도 진달래가 덤불처럼 어우러져 내 키를 넘고, 나를 꽃 속에 가둔다. 꽃을 한 움큼 따서 입에 넣고 씹어본다. 그리움처럼 꽃향기가 피어난다. 꽃 속에서 아기들이 꽃처럼 웃고 있다. 꽃문둥이처럼 돌아가신 외숙모가 꽃 속에서 고개를 든다.

진달래꽃을 꺾어 들고 내려와 마루 끝에 앉아 어이어이 통곡하던 외숙모. 그러다가 언제 울었느냐 싶게 말을 하던 모습이다.

"밤사이 여우가 구멍을 팠더라고. 우리 아기 팔이라도 물어가지 않았나. 손을 넣는데 아무것도 만져지지 않더라고."

그러다가 또 어이어이 울음을 토하던 외숙모다.

첫 아들을 홍역으로 잃고 매일 아기잠(애총兒冢)에 가서 아기를 만나고 오던 외숙모. 그는 그 뒤로 돌을 가져다가 자꾸 쌓으며 짐승을 막았다. 그 둘레로 진달래가 흐드러지게 피어 있었다.

6·25전쟁이 끝날 무렵 시골의 어린아이들은 참 많이 어미 곁을 떠났다. 그들은 논머리, 밭머리, 아니면 야산에 봉분 없이 묻히고 돌무더기로 표시가 되었다. 거적에 두르르 말아 지게에 지고, 그저 애비 혼자 눈물 훌쩍이며 허부적 허부적 파묻은 애총이라 그래서인지 산짐승들이 자주 헤집어놓았다. 그 자리를 진달래가 덮었다.

허망하게 지고 말 꽃들인데 왜 이리 눈이 부신지. 진정 서러워 발길을 멈춘다. 오늘따라 아기들의 영혼처럼 꽃이 내게 다가온다. '애오개 탈춤놀이'라도 질펀하게 벌어질 것 같다.

옛날에는 광희문(시구문屍口門)밖으로 4대문 안 사람들이 시신을 버렸는데, 아현동 산 애오개는 어린 아이들의 시신을 버려서 애오개란 이름이 붙은 곳이다.

마을에 한 번씩 마마(천연두), 염병(장티푸스), 호열자(콜레라) 같은 전염병이 돌면, 병이 들어 죽었거나 아직은 죽지 않았어도 의식이 없거나 살아날 가망성이 없는 아이들을 항아리에 넣고 애오개에 갖다 묻은 후 항아리 위에 무거운 돌을 쌓아 아이들의 넋이 돌아다니지 못하게 하였다. 돌로 항아리를 누르고 돌을 쌓지 않으면 죽은 아이의 넋이 마을로 다시 돌아와 다른 아이에게 해코지를 해서이다. 그 아이들의 영혼이 얼마나 어여쁘면 애오개 탈춤놀이가 생겨났겠는가.

누군가 내 손을 잡고 진달래 속으로 이끌어 들인다. 흥청대며 출렁거리는 버들피리 가락처럼 내 영혼의 대를 잡고 흔들면서 날 데려간다.

진달래가 나를 덮어도 세상에 혼자인 듯 그림자도 없이 오르는 산길. 오르는 길이 너무도 외롭다.

나도 진달래 속에 아기로 서고, 내 항아리 위에 돌을 얹는 어머니가 그립다.

(2004)

돌담길

마을로 들어섰다. 돌담길 하나가 마을을 가르며 길게 이어져 있었다. 그 길을 만들어 가는 돌담들, 조금은 튀어나오기도 하고 또 조금은 휘어져 들어가고 들쭉날쭉한 돌담들이 아름다운 정경으로 길을 만들어가고 있었다.

구들장처럼 얇게 켜진 황토 빛 손바닥만 한 돌들을 진흙 한 켜 돌 한 켜로 켜켜이 쌓아올린 돌담은 장인의 솜씨도 아닌 농부의 손으로 쌓은 듯한 소박하고 인정스러움이 덕지덕지 묻어나는 그런 돌담이었다. 내 작은 키로도 두 팔을 벌리면 겨드랑이 밑으로 들어올 것 같은 높이로, 한 집에서 다음 집으로 이어지고, 그렇게 돌담이 마을 전체를 잇고 있어서 그 사이로 난 돌담길은 고향을 느끼게 하는 푸근함과 향수를 느끼게 하고 있었다. 수백 년을 훌쩍 넘긴 듯한, 그래서 할머니 살갗처럼 물기를 잃고 주저앉는 모습처럼 보이기도 한데, 그래도 어느 한 곳 무너진 흔적 없이 제 모습을 지탱하고 있었다.

남해의 푸른 파도가 살금살금 기어오를 것만 같은 바닷가 산기슭. 사람의 그림자라고는 찾을 수 없이 기다림만 오도카니 잠겨 있는 돌담길, 빙그르르 돌아가 끝이 보이지 않는 너머로 바다가 보이는 자리에서 나도 돌담의 한 돌처럼 그렇게 서 보았다.

담 밖에서는 집안이 훤히 들여다보이고 집에서는 길이 훤히 내다보이는 길을 바람도 가만가만 돌담을 어루만지며 지나갔다. 나도 바람처럼 돌담에 손을 대고 눈을 감고 걸어가 본다. 알 수 없는 그리움이 마음 가득 고여 오른다. 엄마를 기다리며 담에 손을 대고 눈을 감고 어디만큼 걸어가다 다시 돌아서 걸어오면 엄마가 오는 모습이 보였다. 두 팔을 벌려 나를 품에 안을 듯 다가오던 엄마, 눈을 뜨면 그 엄마의 모습은 보이지 않았다. 나는 기다리는 엄마를 조금이라도 빨리 만나고 싶어 눈물 글썽이며 그렇게 대문 밖에서 담을 끼고 천천히 오간 어린 시절이 있었다. 그날처럼 눈을 감고 돌담에 손을 얹고 조금씩 조금씩 걸어가 본다. 정다움이 묻어난다. 이 고장 할아버지 할머니들이 다가올 것만 같아 눈을 감고 기다려 본다.

돌담길 안으로는 세월과 함께 늙어 가는 초가집들이 오수에 잠겨 있었다. 나는 세상 바람을 앞세워 이 집 저 집 기웃거려 본다. 누군가 고개를 내밀면 환한 미소로 다가설 것 같은데 돌담길에 서서 어정거리며 기웃거려 봐도 한낮의 햇살만 가득 쏟아질 뿐 사람의 그림자라곤 보이지 않았다. 어디에선가 낮닭의 울음이 들려온다. 새삼 사람을 만날 수 있다는 설렘에 그곳으로 가서 담 안을 기웃거려 본다.

낮은 초가지붕 아래 정물처럼 앉아 있던 할머니가 담 너머로 들여다보는 낯선 나그네를 반기며 그저 들어오라 손짓했다.

시집 와서 다시는 그 길을 벗어나 보지 못했다는 할머니는 새댁시절부터 마루에 앉아 물레질을 하며 평생을 내다보았다는 길, 때로는 부엌 문 안에서, 마당의 화단가에서, 나무 뒤에서서 도시로 간 아들을 기다렸다는 그 기다림으로, 지금도 아들이 돌담길로 기름 냄새 풍기며 들어설 것 같아 눈을 주고 있다는 할머니의 물레질은 자꾸 헛돌기만 했다.

우리를 툇마루에 앉히고 시집올 때 친정어머니가 베껴 주셨다던 한지로 묶인 책을 가져와 웅얼웅얼 읽어 주었다. 여인의 도리와 예의범절이며 종갓집 제사를 모실 때 절차 등 손수 붓으로 써서 만들어 주셨던 어머니는, 딸이 잘 살기를 바라며 평생 딸의 얼굴 한번 보기를 기다리다 세상을 떠났다며 어머니가 그리울 때마다 펼쳐본다는 책이라 했다.

그러다가, "이제 내가 엄니 곁으로 가야제." 하며 할머니는 눈을 들어 돌담길을 망연히 바라보았다. 최씨 문중의 종갓집 할머니. 빈집들로 이어진 속에서 당신은 고가의 일부가 되어 있었다.

기다림이 없다는 것은 이미 삶이 끝났음을 의미하는 것일까? 할머니의 노안에는 기다림이 호수처럼 출렁이고 있었다.

할머니에게 기다림은 삶 그 자체처럼 매일 매일을 지탱시켜 주는 힘일지도 모른다. 젊은 날의 기다림은 설렘과 행복함에 몸이 떨리게 했을 것이지만 노년의 기다림은 삭정이 불꽃처럼 힘없이 깜박거리는 것 같았다.

60여 년 전 당신의 청춘으로 돌아가 사랑하는 어머니를 그리워하며 누군가에게 그 이야기를 하고 싶어 목소리가 떨려나던 할머니. "사람이 보구 싶어." 하며 또 돌담길을 내다볼 때 나도 그 돌담길 너머로 일몰이 다가오고 있는 바다를 바라보았다.

해가 지고 어둠이 다가오면 할머니 곁에서 호롱불을 밝히고 문풍지가 우는 소리를 들으며 할머니 딸처럼 하룻밤을 쉬어간다고 하면 얼마나 좋아하실까? 하지만 새벽이 오면 가슴 조이며 일출을 기다리다가 우리를 데려갈 배가 오기를 또 기다리며 서둘러 손을 흔들며 떠나고 말 것인데…. 나는 할머니 손을 꼭 잡고 덧없는 생각을 지우며 참아 떨어지지 않는 발걸음을, "할머니, 또 올게요." 그렇게 지나가는 말 한 마디로 등을 돌렸다. 다시 오마 한 그 말을 가슴에 품고 자식 기다리듯 우리 오기를 지금부터 기다리실 것 같은 할머니는 다시 빈 물레 앞에 앉아 망연히 돌담길만 바라보시겠지.

돌담길은 텅 빈 가슴으로 이어진 기다림 같은 것. 서러우면 서러운 만큼 깊어지는 강. 나는 돌담길을 돌아 마을을 나서며 채워도 채워도 깊이를 알 수 없는 빈 항아리 같은 기다림을 들여다 본다.

세상이 지치도록 힘들게 해도 기다림이 있어 불행하지는 않은 사람들, 그들에게 기다림은 언제나 기도가 되고, 내일의 양식으로 마음을 채워주고 절망과 두려움에서 벗어나게 하는 의지로움인 것을.

나는 부두에 서서 배가 오기를 기다렸다. 외로운 사람들을 더 외롭게 남겨 놓고 돌아가는 배, 그 배가 오면 나는 내 작은 섬으로 돌아갈 것이다. 할머니의 한숨처럼 돌담길을 휘돌아 온 바람이 내 등을 쓸고 지나간다.

(2003)

감꽃 그늘에서

간밤 비에 떨어진 감꽃을 본다.

내색도 없이 언제 망울 지어 피었는지도 모르고, 서둘러 떨어져도 꽃이 진다는 느낌조차 주지 않은 감꽃을 바라본다. 떨어져 땅에 누운 꽃조차 무심하다. 얼굴에 화장기 없는 풋내풋풋한 빛깔이다. 비온 뒤 벚나무 아래나 목련나무 아래와는 달리 꽃이 진 허망함이나 아쉬움도 없다. 떨어져 누운 추한 모습에 고개를 돌리고 싶은 충동까지 생겨나게 하는, 그런 꽃들과는 전혀 다른 낙화조차 발에 밟힐까 두렵다. 감꽃은 떨어진 모습조차 다소곳하다. 낙화를 통해 비로소 꽃이 피었었음을 발견하게 하는, 신비한 느낌마저 들게 한다.

소중한 보물이라도 집어 올리듯 하나하나 주워 손바닥 위에 얹어 본다. 밑 빠진 항아리 같은 모습에 텅 빈 넉넉한 가슴,

백합처럼 예쁜 네 입술을 달았다. 단순하면서도 소박하고 흐트러짐 없이 단정한 얼굴이다. 가만히 들여다보니 어찌 그리 고운지. 향기조차 숨긴, 겸손한, 그리고 수줍기까지 한 꽃의 마음이 더 아름답게 다가온다. 스님과 마주 앉아 차 한 잔 앞에 놓고 먼 하늘 흐르는 구름을 바라보는 느낌이 이럴까. 작은 낙화 하나하나가 마음이 맑아지는 외경마저 느끼게 한다.

감나무를 올려다보아도 감꽃은 보이지 않는다. 감잎 속에 감잎처럼 색다르지 않은 몸짓으로 그렇게 숨어 있다. 해를 향해 얼굴을 들어 올리지 않으면서도 가슴 가득 해를 향한 열정으로 마음을 채우는 꽃. 그러기에 된서리 내리고 잎 진 나무들이 빈 가지로 설 때 감나무만은 꽃보다 더 눈부신 불꽃(감)을 달고 겨울 문턱을 장식한다. 감꽃은 그 촛대가 되는 불꽃의 어머니임을 짐작조차 할 수 없도록 조용한 몸짓이다.

평생 화장 한번 하지 않고 들밭에서 일하는 우리네 어머니 마음을 감꽃에서 본다.

무색옷 한번 걸치지 않고 언제나 흰 치마저고리, 둘러 친 앞치마에 고달픈 삶을 담아 안고 살아가는 어머니. 당신의 자리조차 잊고 살아온, 여인일 수도 없는 자리의 주인 같은 모습의 어머니, 그들은 세상 어느 곳에서도 얼굴을 내밀지 않고 나무의 뿌리처럼 서 계시다.

가족이란 울타리 안에 갇혀 움직이지 않는 듯 그 자리에 서 있는 듯 보이나 쉼 없이 돌아야 설 수 있는 팽이처럼 고달파도

힘들어도 내색하지 않은 채 사랑과 헌신으로 일상을 맴돌며 채워가던 어머니. 나는 갑자기 그런 우리네 어머니를 생각한다.

밤을 밝히는 물레질 소리, 베를 짜는 베틀 소리, 새벽을 열어가는 절구질 소리, 바심한 밀을 갈던 맷돌질 소리, 칼국수를 썰던 도마질 소리에, 그림자 너머로 들리던 다듬이 소리에, 디딜방아 소리에, 그런 소리 속에 숨겨 있는 어머니 숨결. 밥 뜸 드는 냄새, 된장찌개 냄새, 익은 김치 냄새, 옥수수 쪄지는 냄새, 들기름 냄새…. 이런 냄새 속에서 가족을 영글게 하던 어머니 냄새. 고통을 다듬질하고, 절망을 절구질하며 언제나 희망으로 뜨던 어머니 사랑.

밑 빠진 항아리에 물을 붓듯 사랑만을 쏟아 붓던 어머니,

언제나 겨울나무처럼 빈 가지로 서서 기도하시던 어머니. 우리 어머니의 삶 속을 감꽃에서 읽는다. 그런 소리와 냄새와 무심한 표정이 오늘따라 어머니의 그리움으로 간절해진다.

나는 지금 감꽃을 보면서, 그리워도 만날 수 없는 나의 어머니 모습을 더듬어 본다. 그리고 어머니의 기도를 흉내 내어 본다.

'나를 재물로 바치오니 나를 의지하는 모든 이들을 사랑으로 거두게 하소서.'

비 온 뒤 감나무 그늘에 서서 감꽃을 본다. 감꽃을 줍는다. 어머니 마음을 읽는다. 그 무심한 듯 빈 마음에 가을 하늘을 환히 밝힐 뜨거운 태양을 품어 키우는 어머니, 그의 숨겨진 사랑의 불꽃을 본다.

(2007)

봄의 숲에서

이게 웬일일까? 솔밭 속에 숨었던 진달래가 한꺼번에 얼굴을 내밀며 와르르 다가선다. 깜짝 놀라 주춤거리는 내 허리를 감싸 안고 까르르 웃는다. 꽃 속에 갇힌 나도 당황하여 얼굴이 진달래 빛으로 변했다.

언제 이렇게 많은 진달래가 이 숲 속에 자라고 있었는지 신기하기까지 하다. 고개만 돌려도 소음 속의 서울 복판인데 우리 집 담을 끼고 돌아선 숲이 강원도 산골처럼 느껴져 산에 오르는 기분이 여간 상쾌하지 않다.

진달래 꽃잎을 따서 입에 넣고 씹는다. 옛날, 입언저리가 온통 꽃물로 범벅이 되던 날의 향기로운 맛이다. 무슨 일로 진달래꽃을 그리도 많이 먹었는지 꽃문둥이가 꽃 먹는 아이들을 잡아간다는 말에 허둥대며 곤두박질하면서 산을 뛰어내리던 날 소쩍새도 진달래꽃 속에 숨어 목이 쉬도록 울었었다. 그때 그 친구들은 지금 어디서 무엇을 할까?

올려다보니 산이 온통 진달래 빛이다. 지금도 약산의 진달래는 예와 변함없이 피었으리라. 강원도 노고산 기슭의 진달래도, 서울에 가득한 실향민의 고향에도.

앞서서 산에 오르시는 어머니 머리가 은빛으로 반짝인다. 묵주를 들고 묵주신공을 바치며 오르시느라 진달래를 보고도 말씀이 없으시다. 아니 매일 인적이 드문 이 길을 오르시니 일주일에 한 번 또는 이삼 주에 한 번 어머니를 따라 오르는 나처럼 새삼스럽지 않으시리라. 어머니 은발이 진달래꽃 빛 속에서 유난히 다가선다.

해마다 진달래꽃은 산을 덮지만 어머니는 봄마다 조금씩 늙어 가실 뿐이다. 나는 야속한 마음이 되어 자꾸 진달래꽃잎만 따 물고 씹는다.

凱風自南　吹彼棗薪　母氏聖善　我無令人
개풍자남　취피조신　모씨성선　아무령인

일곱 명의 자식들이 그의 어머니가 고생하는 모습을 보며 봉양이 부족함을 자책한 시 '개풍凱風', 시경의 한 부분이 떠오른다.

남풍에 대추나무 어린싹이 줄기가 되듯 슬기롭고 자애롭게 우리를 키우셨건만 우리는 어머니의 넓고 깊은 사랑에 보답하지 못하는 불효일 뿐, 언제나 위로와 기쁨을 드리지 못하고 있다.

길고 긴 팔십여 년의 세월이 고달프신 나날이요, 외로움 속의 시달림이었다. 집 밖으로 나서지 못하시고 자신을 내세워 보지도 못하고 끝내는 당신 곁을 훌훌히 떠나 멀어지는 자식들을 위해 오직 그들만의 행복한 삶을 위해 당신을 온전히 바치셨다. 그런 어머니께 아직도 나는 불효인 것을.

나도 솔밭머리로 펼쳐지는 하늘을 우러르며 성호를 긋는다.

약수를 떠서 당신보다 내게 먼저 건네시는 어머니 얼굴이 진달래꽃처럼 환하시다. 차마 거절을 못하고 받아 마신다. 목이 메어 천천히 어머니의 사랑을 마신다. 어머니 앞에서는 자식은 언제나 어린 것을. 이번에는 내가 약수를 퍼서 어머니께 드린다. 끊임없이 흘러넘치는 샘물처럼 어머니의 건강이 충만하게 하소서.

약수터에서 만난 한 노인이 어머니에게 말을 건다. "어쩌면 허리도 굽지 않으시구 정정하슈?" "제가 복이 많아 그런가 봐요."

부러워하는 노인의 시선이 민망하신지 고령답지 않게 얼굴을 붉히시고 약수터를 떠나신다.

산을 내려서니 어느 곳에선가 퀑이 날아오르는 소리가 난다. 산비둘기 울음 소리도 들리고 세상이 아득히 멀다.

"이 산이 내 집 뜰이라 생각하니 모두가 소중하고 아름답구나. 어느 나뭇가지 하나 풀 한 포기 마구 꺾을 수 있겠니? 예전에는 모두 탐냈었지. 진달래며, 철쭉이며 붓꽃이며 패랭이며 찔레덤불까지 뜰 안에 옮겨 심으려 하지 않았니? 내 것을 만들려고, 또 남보다 많이 가지려고 욕심을 부리고 바동거렸지. 지금 생각하면 가소롭기만 하구나. 그때 욕심이, 이 산을 내 것으로 삼은 지금 욕심에 비기면 하찮 것 없는 욕심이지. 그런 생각을 하니 하느님의 욕심을 이해할 것 같구나. 이 세상 모두가 당신 것이니 세상의 풀 한 포기 돌 하나인들 어찌 소중히 사랑하지 않으시겠니. 그 큰 욕심을 배워 작은 얽매임에서 벗어난다면 우리 마음엔 큰 평화가 있을 게다."

오랜만에 어머니와 다정하게 이야기를 나눈다. 어머니 말씀은 언제나 생각을 갖게 해준다.

인수봉이 꽃문둥이처럼 내 뒤를 따른다. 옛날 진달래를 한 아름 꺾어 들던 마음 그대로 진달래를 탐낼까 지켜보는 것 같은 느낌이 든다. 내 입가에 미소가 머금어진다.

깨끗한 숲, 진달래 가지 하나 꺾인 흔적이 없다. 오물 쓰레기도 눈에 띄지 않고 길가의 풀조차도 어깨를 펴고 싱그럽다. 이제야 새삼 내 눈에 들어온다. 노인의 지혜가 이 숲을 지키고 있기 때문이리라.

어머니는 숲을 보시고 나는 어머니를 본다. 봄날 숲에서.

(1988)

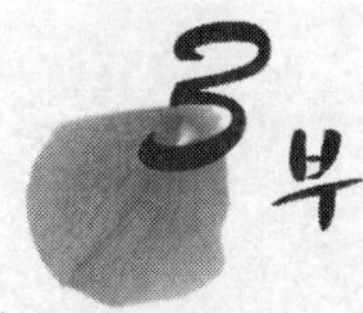
3부

시간의 대장장이

12월 마지막 달력 앞에 서면 덧없이 보낸 시간을 되돌아본다. 부질없이 보냈으니 남겨진 것이 없는 흘러간 시간이다. 담금질하지 않은 시간은 빈 그릇 같다.

대장간에서 불질을 하지 않아 담금질되지 않은 쇠는 무르다. 무른 쇠는 쓰일 곳이 없다. 대장간에서 쇠를 불에 달구었다가 찬 물 속에 넣는 일을 담금질이라 한다. 물에 담갔다가 다시 달구어 치고, 또 담갔다가 달구어 치기를 몇 번 그런 담금질로 쇠의 강도나 성질을 조절한다. 그런 담금질을 할 때 불질을 잘 해야 한다. 그 불질에 쇠를 잘 다루어야 숙련된 대장장이다. 쇠스랑은 꺾인 쇠가 펴지면 안 되니 8번을 담금질을 하고, 칼은 5번을 담금질을 해야 그 기구의 속성에 맞는 쇠의 강도를 지니게 된다. '부질없음'이란 말은 '불질이 없음'이란 말에서 비롯되었다. 불질은 담금질하기 전 쇠를 녹이는 과정이다. 무엇을 만들기 이전에 쇠의 됨됨이를 만드는 과정이다.

집념의 불질로 달구고 녹여 담금질된 삶은 얼마나 아름다운가. 그렇게 보낸 시간은 마지막 달력 앞에서도 후회가 없을 것이다.

나는 부질없이 보낸 시간을 생각하면 어린 시절 서울 광화문 내수동 골목에 있던 대장간의 대장장이가 떠오른다. 풀무질로 달아오른 열기가 뜨겁게 휘감기는 곳에 웃통을 벗은 건장한 남성이 벌겋게 달아오른 쇠를 내리치던 모습이 떠오른다. 벗은 웃통이 땀에 번들거리고, 팔의 근육이 무거운 망치를 들어 내리칠 때마다 탄력 있게 움직이고 활력이 넘치는 젊음이 눈에 보였다. 추남에 절름발이인 대장장이 헤파이스토스가 끊임없는 담금질로 올림포스의 신들 중 가장 아름다운 여신 아프로디테를 아내로 삼을 수 있었던 것처럼 그는 마음만 먹으면 무엇이고 만들어낼 수 있을 것 같았다.

시우쇠를 불에 달구어 연장을 만들기에 불질을 하는 풀무질이 쉴 새가 없었다. 용광로에서 불덩이가 된 쇳덩이를 대장장이는 모루(대장간에서 쇠를 두드릴 때 받침으로 쓰는 쇳덩이)에 올려놓고 망치로 두들겨댔다. 큰 쇠붙이는 대장장이가 찌개로 잡고 마치(망치보다 작은)로 한 곳을 두드리면 조수는 큰 망치나 메로 그 쇳덩이를 내리쳤다. 두 사람은 장단이 맞고 장단 따라 쇳덩이가 낫이 되기도 하고, 칼이 되기도 했다. 때로는 두 일꾼이 번갈아 두드리고, 대장장이가 가볍게 두드려 세 사람이 장단을 맞추기도 했는데 세 개의 마치가 장단을 맞추었다. 국악의 '세 마치 장단'의 어원이 여기서 유래했다.

대장장이의 손은 힘과 저력과 치밀한 구성과 무엇을 만든다는 주제가 담겨 있다.

어떤 시우쇠도 그 손에 들어가면 작품이 되고 귀한 존재가 된다. 쇳덩이를 지켜보는 그의 눈빛은 언제나 빛나고 겸손하다. 한눈을 팔거나 적당히 넘어가지 못한다. 마치질 순간순간을 미룰 수 없도록 쇳덩이는 이내 굳어져서 순간을 놓칠 수가 없다.

안성유기가 예로부터 유명한 것은 품질이 좋은 놋쇠를 부어내서 두드려 모양을 내고, 그런 과정을 수없이 반복해서 만들어낸 유기이기 때문이다. 방짜 유기는 놋쇠를 두드린 방망이질 자국이 선명하게 남아 있다. 꽹과리나 징이 악기가 되고 깨지지 않고 맑은 소리를 내는 것은 방짜 유기의 기술이 빚는 작품이기 때문이다. 그래서 예전에 대장장이나 유기공인은 오랜 세월 숙련된 수련과정을 거쳐야 장인이 되었다.

지금은 우리 둘레에서 사라져 버린 대장간이지만 요술 상자처럼 붉은 쇳덩이가 여러 모양의 물건들로 만들어지는 창작의 산실이었다.

나는 삶에서 긴장이 풀리고, 또는 어영부영 많은 시간을 보낼 때면 대장장이의 담금질과 방자 유기의 방망이 자국을 떠올린다. 자신을 담금질하고 방망이질로 내 자신을 투명한 소리가 울리도록 다져야 한다고.

부질없이 보낸 시간들. 문득 시간의 시우쇠를 담금질을 하지 않고 살아온 것 같아 마음이 무거워진다. 그 시간들은 아무 소용도 되지 못한 채 삶의 텃밭에서 무용한 존재로 내 앞을 스쳐갔을 것이다. 백 번, 천 번 두드려도 영혼의 무른 쇠는 단단해지지 못할 것인데 아무 일도 하지 못하고 보낸 세월은 내 영혼을 굳은 쇳덩이로 병들게 하지는 않았는지.

나는 새 아침 방망이로 다져진 방자 유기의 징을 두드려 보고 싶다. 그래서 맑은 음색으로 천상을 울리는 소리를 듣고 싶다. 대장간 모루 위에 내 몸을 던져 담금질을 하고 싶다. 작두 위에 서 보는 무녀처럼 시퍼런 칼날을 세우는 영혼의 대장장이가 되어 무디어진 내 모습을 새롭게 태어나게 하고 싶다.

지금 나는 내일의 망치를 들어 올릴 손이 떨리는 것 같다.

(2006)

빨래를 하며

세상 바람에 시달리다 풀이 죽어 늘어진 옷을 벗어 빨래를 한다.

살아가기 힘겨워 땀에 배인 옷, 시끄러운 소리에 때 묻고 눌린 옷, 최루탄 연기에 그을고 시름에 얼룩진 옷을 빤다.

장마 비 걷히고 펼쳐지는 푸른 하늘처럼 밤마다 베개 밑으로 흐르는 물소리는 악몽에 시달리는 나의 잠을 깨운다. 그 물소리처럼 지심에서 솟구치는 물꼬를 찾아 콸콸콸 넘쳐흐르는 물에 빨래를 담가 절레절레 흔들며 빨래를 하고 싶다.

여름의 한 줄기 소나기는 도심을 태우던 열기를 식혀주고 악취와 쓰레기를 쓸어가며, 시원하고 깨끗한 거리를 열어준다. 그처럼 소나기를 맞으면 머리카락 올올이 빗물로 감기고, 주머니에 담긴 먼지처럼 답답한 가슴도 후련해지리라. 씹지 않고 삼킨 말의 응어리도 풀 수 있는 소나기— 빗질하는 가로수처럼 빨고 싶은 나날들.

옛날 어느 날 신부님은 내 이마에 물을 부으시며 마음을 빨아주셨다. 다시는 너의 삶에서 후회로움이나 욕됨이 없을지니라.

그러나, 어인 일인가. 내 마음은 갈수록 번뇌와 욕심으로 더럽게 얼룩져 샘터로 달려가 무릎을 꿇지만 마음의 주름살은 펴지지 않고 빛바랜 기도엔 바람만 오간다.

가난한 날들의 어두움, 기다리는 세월의 덩이진 아픔, 쫓기는 두려움, 누더기처럼 짜깁는 인정들—. 나는 언제나 외롭고 허기져 눈물을 흘려도 지워지지 않는다.

빨래를 한다. 흐르는 물에 담가 빨래를 한다.

깨끗한 빨래. 활활 털어 햇볕에 널면 빨래는 바람에 물기를 날리고 거듭나는 몸짓으로 활개를 편다.

햇볕 아래 눕는 눈부신 정결. 비로소 자유롭다.

어머니는 날이면 날마다 빨래를 했다. 손톱이 다 닳도록 비비고 두드렸다. 마디 굵은 손가락에 끼운 가락지도 손톱처럼 닳아 끈으로 두 쪽을 묶어 끼웠다.

흐르는 물소리에 실려 가던 빨래 방망이질 소리. 가슴에 서린 한을 자근자근 빨아내던 소리— 지금은 지워져 들리지 않는다.

나도 어머니처럼 빨래를 한다.

빨래를 비비면 열 손가락 사이로 옛날이 흐르고 아리고 쓰린 삶의 가락이 굽이굽이 흐른다.

콩깍지 태워 잿물 내리고 광목을 필로 삶아 자갈밭에 널면 한 줄기 고달픈 흰 강이 출렁거렸다. 시집가는 딸이 한 끝을 잡고 지팡이에 의지한 노할머니 한 끝을 잡고 눈으로 마름질하는 어머니 강줄기.

꽃가마 꽃상여를 앞뒤로 묶고 햇볕 아래 박꽃처럼 속살 보이던 광목 마전에 어머니 근심도 하얗게 바랬다.

물은 언제나 고향.

오늘의 빈 잔을 채우고 마른 혼을 적셔준다.

물을 보면, 물보라 위에 살아나는 추억의 송사리떼―. 기억의 징검다리 사이로 빠져나가며 생활의 뱃전에서 찰랑거린다.

나는 깨끗한 빨래이고 싶어 강물에 눕는다.

심신이 투명해지면 학처럼 날개를 달고 구만리장천으로 비상하리라.

한 벌뿐인 옷을 들고 물가로 간다.

북한산 계곡 맑은 물이 흘러내리는 수유리 샘터에 앉아 언제나 진솔이고자 빨래를 한다.

바람은 옷자락에 풀을 죽이고 하루도 못 가 땀에 젖지만 진풀 먹여 밟고 두드려 옷깃을 살려야지, 삼베 모시처럼 상큼하게 고개를 들도록.

빨래를 한다.

새벽마다 남몰래 더러움을 쓸어가는 청소부 할아버지의 비질 소리처럼, 새벽 미사 때 빈 성당을 채우는 신부님의 기도

소리처럼 외로운 샘터의 빨래 소리.

물소리를 들으면 살아나는 청청한 영혼들.

머리를 감아 빗고 새 옷 입고 새벽길 떠나는 신부新婦처럼 물가로 간다. 지친 삶을 헹구려고 샘터로 간다.

(1988)

시간의 작은 방울

걸려 있는 수액주머니에서 방울방울 떨어지는 수액을 바라본다.

떨어지는 작은 방울들이 연속적으로 떨어져 내 몸으로 들어가고 그 수액이 모두 들어가려면 한밤을 지나야 한다는 것을 안다.

혈관이 나오지 않아 내 팔에 꽂은 주사바늘은 24KG다. 아기에게 주사를 할 때 쓰는 바늘이다. 그나마도 중간에 혈관이 터져서 다시 바늘을 꽂아야 한다. 요즘은 혈관 한 곳에 굵은 바늘을 꽂아놓고 그 바늘을 통해 바뀌는 수액주사 바늘을 그 바늘 가운데로 넣어서 계속 주사를 맞게 하는데 내 경우는 그조차 할 수 없어 팔다리가 바늘자리로 말이 아니다. 수액이 들어가는 속도도 다른 사람에 두 배는 길다.

무료한 시간이면 나는 그 수액이 떨어지는 것을 바라보면서 고통을 잊으려고 한다.

세종대왕이 만든 물시계의 원리도 저렇게 떨어지는 물방울을 24시간 1440분 86,400초 등으로 구별하여 떨어지는 것으로 시간을 알게 하고 하루의 흐름을 짐작하게 한 것이었을 것이다.

우리가 흔히 보는 모래시계도 한정된 시간을 잴 때 그런 원리를 이용하여 작은 구멍으로 흘러내리는 모래의 높이에 따라 시간을 재는 것일 것이다.

그러고 보면 시간은 흐르는 것이 아니라 점으로 떨어지는 순간들의 강줄기다.

너무 오래 들어가는 수액이 짜증이 나서 빨리빨리 들어가기를 바라다가 다시 마음을 고쳐먹고 천천히 들어가기를 바라는 마음으로 생각을 바꿔본다.

시작이 있었으니 끝이 있게 마련이다. 방울방울 떨어지는 것이 마치 시간이 째깍째깍 가는 기분이기도 하다. 저 수액이 다 들어가면 수액주머니는 아무 가치도 없이 버려지게 된다. 사람도 수명을 다하면 수액주머니가 비듯 영혼이 빠진 빈 주머니로 버려질 것이다.

나는 얼마큼 살아왔을까? 물론 많은 시간을 보냈으니 반 넘어 수액이 빠져나간 주머니처럼 내 삶도 내 삶의 주머니에서 빠져나갔을 것이다. 남은 수액이 빨리 빠져나가기를 조바심한다는 것이 내 삶의 남은 시간을 조바심한다는 것과 같다는 생각을 하니 갑자기 마음이 쓸쓸해진다.

아직 남아 있구나. 아직도 내게 시간이 존재하는구나, 종언을 하기까지 편안한 마음으로 바라보아야 할 시간이.

나는 마지막 떨어지는 수액 방울을 바라보며 긴 수액 줄의 흐름을 막을 것이다.

지금 나는 병상에 누워 있다. 몸이 만신창이가 되어 다시 삶을 회복하기 위해 병상에 누워 있다. 되돌리기도 싫지만 죽음의 문턱을 넘나들었다.

또 혈관이 터져 수액이 피부로 새어나와 부어오르고 있다. 간호사를 불러 바늘을 빼고 다시 혈관을 찾아 내 팔과 다리를 검색 당하고 드디어 또 다른 어느 곳에 바늘을 꽂는데 성공해야 한다. 그런데 나는 그것이 두렵다. 그렇게 해서 겨우 혈관을 찾아도 얼마 가지 않아 또 혈관이 터질 거라고. 좀 전에도 그랬다. 혈관을 찾지 못하고 "안 되겠어요." 하고 간호사가 포기한 상태로 남은 수액이 매달아 놓고 병실을 나가버렸다. 주사로부터 자유로워진 팔을 흔들며 만족하는 사이 중간에 버려지는 저 수액처럼 사고에 의해 목숨을 잃는다는 것은 저런 경우와 같을 것이란 생각을 들었다.

억울하고 속상하지만 어쩔 수가 없다. 인생이란 그런 경우도 있다. 나는 끔찍한 교통사고에서 살아났으니 내 운명은 다시 혈관을 찾아 꽂힌 수액주머니 같다고 생각하자.

다시 간호사를 불러 다리 복사뼈 위에 바늘을 꽂고 겨우 수액이 몸 안으로 들어갈 길을 열어 놓았다.

나는 서두르지 않고, 조바심내지 않고 천천히 흐르는 대로 바람처럼 지나는 시간을 바라보고 싶다.

이번에는 눈을 감고 해시계를 생각한다. 언젠지도 모르게 조바심도 생겨나지 않게 바람이 이끄는 그림자로 조금씩 알게 모르게 지나가는 시간.

각박하게 바라보지 않아도 감으로 짐작하며 짐작으로 묻어 가는 시간. 그래 넉넉한 그림자의 시간을 바라보자.

남들에게는 넉넉한 시간을 나는 왜 혼자 떨어지는 물방울을 의식하듯 조바심을 대며 불안하게 서둘러 살아온 것인지?

떨어지는 수액이 몸속으로 다 들어가자 눈을 감는다. 빈 주머니로 걸려 있는 수액주머니. 내 삶도 죽음도 하느님의 것이었음을 새삼 확인한다. 그리고 오늘은 모든 것으로부터 벗어나고 싶어 잠시 호흡을 가다듬는다.

간호사가 들어와 내 팔을 살핀다.

"아직도 주사 맞을 수액이 두 가지가 남아 있는데 어떡하죠?"

남아있다는 말에 나는 혼자 미소를 머금는다.

(2009)

비행운飛行雲이 지워진 빈 하늘

옛날에, 불씨를 담은 질화로를 하나 가지고 있었습니다. 불씨가 얼마나 소중했던지 불돌 밑에 꼭꼭 눌러 묻어두고 불씨가 사위지 않기를 빌었었지요. 그리고도 행여 누가 불씨를 훔쳐 갈까 봐서 질화로를 깊이 감추고 아무에게도 보여주지 않으려 했지요. 내 불씨를 남들이 시샘해서 훔쳐가기라도 하면 어쩌나 해서요. 그 질화로를 지키는 불안은 컸지만 그것은 가슴 벅찬 기쁨이기도 했습니다.

어느 날 외가의 질화로에 불씨가 꺼진 때가 있었습니다. 그 날 외할아버지는 몹시 화가 나서, 조상님에게 죄를 지었다며 몸 둘 바를 몰라 하셨습니다. 불씨가 꺼진다는 것, 즉 불씨를 지키지 못한다는 것은 조상의 넋을 제대로 지키지 못한다는 의미라고까지 했습니다. 그리고 이웃에서 불씨를 얻어오는 것은 수치라고 내색도 못하게 했습니다. 부시로 몇 번인가 부싯돌을 때려 부싯깃에 붙은 불꽃 하나로 다시 아궁이에 불은 타오르고 질화로에는 숯불이 가득 담겨졌지만, 그렇게 쉽게 불꽃을 만들 수도 있는데, 대를 물리는 불씨를 꺼뜨린 행동은 그렇게 쉽게 넘겨지는 것이 아니었습니다.

다른 때는 아궁이에서 장작이 다 타고 나면 질화로에 불을 담고 그 불 위에 재를 덮고 불돌을 눌렀지만 그날만은 불돌도 재도 얹지 않고 화로를 마루에 놓고 사위어가는 숯불의 불꽃들을 바라보게 했습니다.

"불씨는 집안에 대를 물려가는 넋이다. 아무 불씨나 묻어두는 게 아니지. 가슴 속에 불씨도 꺼지지 않아야 화로에 불씨도 꺼지지 않는다."

가슴에 불덩이 하나 깊이 묻어두지 않으면 다시 불꽃을 피워 나무를 태울 불길을 만들어내지 못한다는 그 넋의 불씨. 언제부터 이어져 온 것일까? 그날 나는 생각을 해 보다 내 가슴 속 불씨 하나가 무서워지기 시작했습니다.

그날의 불씨를 보고 있으면 어느 만큼에서 기침소리가 들려왔어요. 겨울을 질러가지 못하는 몸짓으로 홀로 서 있는 소년, 고향 언저리를 떠도는 나그네 같은 소년은 언젠지도 모르게 질화로의 한 편의 불씨처럼 꼭꼭 숨어 들어나지 않은 온기로 내 가슴에 숨어 있다가 나를 장작 삼아 태우려 했지요. 그 소년의 눈빛이 질화로의 불돌 밑 불씨처럼 가슴 밑바닥에 눌려 시나브로 사위어 가기까지 참으로 많은 시간 아픔을 보듬고 있어야만 했습니다.

긴긴 겨울밤 눈밭에 서서 그의 창의 불빛을 지켜보면 추위도 잊고 무서움도 잊었지요. 그 만큼에 서서 밤을 보냈지요. 조그만 불씨 하나가 내 몸을 태우고 불꽃이 사위어 차디찬 재가 되고 불씨조차 잦아들기를 기다리며 나는 홀로 피고 지는 동백꽃이었어요.

어느 날 꺼진 불씨로 아파하는 외할아버지처럼 나는 스스로 마음의 불씨를 끄고 아파했어요. 가슴에 불덩이 하나 깊이 묻어두지 않으면 다시 불꽃을 피워 나무를 태울 불길을 만들어내지 못한다는 것을 알면서요.

지금 그 소년은 비행기 조종사 같은 느낌으로 남아 있어요.

비행기 조종사는 모를 거예요. 자신이 이토록 아름다운 시를 하늘에 남기고 사라졌다는 사실을.

비행기는 이미 하늘에서 멀리 사라졌는데 비행기가 날며 그려놓은 비행운은 푸른 하늘에 선명히 남아 비발디의 선율처럼 감미로운 여운의 꽃떨기로 다가왔어요. 바라보고 있으면 자꾸 가슴이 설레었지요. 너무 아름답고 너무 눈이 부셔서요. 그 아름다움이 이내 사라지면 슬퍼질까 두렵기까지 했습니다.

어느 날, 비행기가 지나간 빈 하늘에 비행기가 만들어 놓고 간 비행운을 보면서 옛날의 내 모습으로 서 있는 나를 발견했지요. 질화로에 꺼진 불씨를 찾고 있는 내가 문득 놀랍기도 했지만, 그보다 꺼진 불씨가 어느 불돌 밑에 숨어 있기라도 하듯.

며칠 밤을 앉아 있었어요. 허위허위 넘기는 하루 해질녘이면 빈 잔을 앞에 놓고 시를 생각하듯. 후렴구같이 몰려올 여운에 이끌려 한 줄의 시도 쓰지 못한 채.

하늘에 여운이 모두 잦아들고 노을이 물들어올 때, 흔적도 없이 사라진 비행운을 좇던 내 마음도 재로 사윈 불돌 밑의 불씨처럼 연기가 되어 먼 하늘로 사라져 가겠지요.

비행운은 푸른 파도의 물거품처럼 하늘에서 출렁이다 사라지는 것을. 구름 한 조각 그리움으로 피워 올랐다 바람이듯 지워져 가는 것을, 영원처럼 다가왔던 구름 한 줄기, 지금은 비행운이 지워진 빈 하늘, 불씨를 잃어버린 빈 화로처럼 빈 하늘, 신비한 영혼의 집이었던 내 마음 속 질화로는 한낱 여운의 집이었음을 이제야 깨닫고 있습니다.

바람도 없는 날 큰 강을 건너는 구름 한 조각, 새삼 빈 가슴에 묻습니다.

(2005)

나잇값

해가 바뀌고 새해가 되면 자신의 나이를 헤아려 보게 된다. 나이를 한 살 더 먹는다는 것은 어린 시절에는 기쁨과 가슴 설렘으로 기다려지는 것이었으나 지금은 야속하리만큼 나이 먹는 것을 인정하고 싶지 않아 외면하고 싶은 대상이 되었다. 나이만은 건망증 속에 깊이 묻어두고 잊고 살고 싶은 기분이다.

새해 아침 어른들께 세배를 올리고 나면 "너는 금년에 몇 살이 되지?" 그리고는 나이에 걸맞은 사람이 되라는 말씀을 하셨다. 나이를 한 살 더 먹었으니 나잇값을 하라는 주문이었다. 나잇값이란 말 속에 담긴 의미는, 일 년 동안 외형적인 성장은 물론 내면의 성장까지도 나이로 가름하니, 나이를 한 살 더 먹으면 그만큼 성숙한 모습으로 삶을 살아야한다는 가르침이다. 그럴 때면 새해 희망과 설계를 말씀드리고, 전년과 다른 모습으로 타인들 앞에 서기를 스스로 다짐하는 모습을 보여드려야 했다.

이제는 내가 아랫사람을 만나면 그렇게 주문을 하는 나이가 되었다.

우리말에 해, 돌, 설, 살, 달 등 시간과 관계되어 나이를 가늠하게 되는 단어들이 있다.

설날의 설은 '살다'의 어간이 독립된 것이고, 삶을 시간상에서 구분한 것이다. '한 살'로 살을 구분 지을 때 '살'은 생애의 한 마디로서의 일 년을 의식하는 말이 되는 것인데 그 말이야말로 한국인의 존재의식이 시간상에서 어떤 흐름을 나타내는가를 알게 한다. 한 살이란 사람의 전 생애로 이어지는 한 마디다. 한 살의 마디를 매듭짓고 다음 마디로 넘어가는 것이 나이니 새해를 맞는 설은 삶의 과정에 있어 한 단계 오르는 시작인 것이다.

나무가 겨울을 맞으면 혹독한 시련에 부닥친다. 발가벗긴 채 추위 속에서 견뎌야 한다. 그 목숨을 건 겨울나기를 넘어서야 비로소 새싹이 돋고 꽃망울을 달 수 있고 꽃을 피우는 봄을 맞게 된다. 그런 나무의 겨울나기처럼 우리 삶에는 거쳐야 할 단계가 있고 단계마다 마련된 내면의 성장 요건들이 마련되어 있는데, 이것을 갖추었을 때 나잇값에 걸맞은 모습이 된다고 보는 것이다.

이번 정초에도 나는 그 나잇값의 테두리를 벗어나지 못하고 많은 생각들로 자신에게 주문하고 각주를 달고 돌아볼 것이다.

20대에는 시인 아닌 사람이 없고, 30대에는 유물론자가 아닌 사람이 없고 50대에는 유신론자가 된다는 말처럼 20대에는 모든 것을 사랑의 눈으로 보고 사랑하는 일에 열중해서 아름다움을 꿈꾸고, 아름답지 않은 사람이 없다. 그래서 청춘은 아름다워라 한다. 그러나 3,40대에 사회의 일원으로 활동을 하면서 경제활동으로 돈을 모으지 못하면 평생을 가난하게 살게 될 것이고, 삶의 터전을 확보하지 못할 것이다. 그리고 50대에 현명하지 못하면 늙는다는 것을 받아들이는 여유와 지혜가 없어 추한 모습으로 삶에 매달리게 될 것이다.

그처럼 사람의 나이에는 나잇값에 해당하는 세월의 철학이 담긴다. 소년시절은 사물을 인지하는 시기고, 청년기는 자기의 존재를 예감하고 자기를 의식하는 시기라면 장년은 자신이 택한 삶의 모든 수단이 옳고 그른 것인가 의심해 보는 시기라는 생각을 한다.

나는 지금 삶을 관조하는 나이가 되었다. 살아온 날들이 결코 자신의 의지나 계획대로 이루어져 오지 않았음을 깨닫는다. 많은 일들이 필연만이 아닌 우연과 순리와 연결되어 있음도 알게 되었고, 노년에 임하는 지혜로운 모습으로 서야 하는데 20대의 낭만으로 인생을 꿈꾸기도 하고, 30대의 정열로 마음이 들뜨기도 한다. 그렇게 나이를 잊고 젊은이로 살고 싶은 욕심은 지워지지 않고 있다.

'노세 노세 젊어서 노세, 늙고 병들면 못 노나니' 하는 우리 민요의 가락처럼 늙고 병들면 아무 것도 할 수가 없다는 조바심을 키우기도 한다.

두보가 47세 때 지은 '曲江二首'라는 시를 읊는다.

朝回日日典春衣(조회일일전춘의) 조정에서 돌아올 제 날마다 봄옷 저당잡혀

酒債尋常行處有(주채심상행처유) 술 외상은 간 곳마다 있는 것

人生七十古來稀(인생칠십고래희) 인생 칠십은 예부터 드물어

穿花蛺蝶深深見(천화협접심심견) 꽃 사이 지나는 나비 정이 깊어 보이고

點水蜻蜓款款飛(점수청정관관비) 물에 스치는 잠자리는 느릿느릿 날아간다.

傳語風光共流轉(전어풍광공유전) 말 전한다 풍경도 함께 흘러 변하는 것

暫時相常莫相違(잠시상상막상위) 잠깐 동안 서로 어루만져 보리라

'인생 칠십은 예부터 드무니 물가의 풍경도 흘러가며 변하는 것, 무엇에 자신을 묶어놓고 연연할 것인가. 봄옷이라도 벗어 저당 잡혀 취해봄이 어떨지' 하는 두보의 시흥 속에는 노년으

로 접어드는 한 선비의 마음이 들어 있다. 덧없이 지나가 버리는 짧은 인생, 술 한 잔 마시고 취해서 바라보는 세상은 참으로 아름답다. 그 연륜이 아니면 그런 여유와 멋을 지닐 수 있을까.

또 한해를 맞는다.

살아오면서 무엇을 잘못했고, 이루지 못한 것이 무엇이며, 인간관계에서 잘못된 것이 무엇인지 그것을 따져서 반성하고 시정하고 마음을 비우는 것으로 새해설계를 끝낼 것이 아니라, 늘 마음속에 함께 하는 정다운 사람들과 만나 따뜻한 차 한 잔이라도 나누며 두보처럼 여유로운 시선으로 아름다운 세상을 바라보는 새해를 설계하고 싶다.

(2007)

레퀴엠

워낙 음악이 웅장한 레퀴엠(Requiem 진혼미사곡)이라서 그러하리라. 30여 년 전 녹음된 테이프인데 음질이 하나도 변한 것 같지 않다. 조용히 흘러가던 일상의 강물이 커다란 바위를 만나 소용돌이치며 치솟듯 감정의 격랑이 가슴을 흔든다. 장중하면서도 굵은 선으로 흘러가는 음악의 강물. 잊고 살아온 목소리가 나를 휘어잡는다.

오래된 녹음테이프를 모두 버리려고 거실바닥에 쏟아놓고 들여다보다 낯익은 테이프가 눈에 띄어 오디오에 넣어본 것인데…. 옛 감동 그대로 내게 전해진다. 자신이 LP판에서 옮겨 담은 테이프라며 들어보라던 그 분의 모습이 유년의 기억처럼 다가선다. 나는 하던 일을 그만 두고 창가로 가서 먼 산을 향해 서고 말았다.

교통사고로 만신창이가 된 몸을 병원 침대에 누이고 고통에 시달릴 때 벽에 걸려 있는 십자가 고상을 바라보며 모차르트의 레퀴엠을 들었었다. 그 분이 병실로 나를 찾아왔었지만 나는 눈물을 흘리며 곁에 누가 오는지도 모르며 음악에 취해 있었다. 그런 모습을 지켜본 그분이 내가 퇴원하자 모차르트, 베를리오스, 베르디 등의 레퀴엠을 손수 녹음해 주었는데 지금 듣고 있는 테이프가 바로 그때 것의 하나다. 나는 20대의 어느 날로 돌아가 그날의 고통을 되새김질한다. 지금도 부활절이 다가올 때면 거듭거듭 듣고 있는 레퀴엠. 그런데 언제부터인가 CD를 듣게 되면서 그 테이프는 까맣게 잊고 살아온 나다.

지금 그분은 어디서 무엇을 하며 살아가고 계실까?

그분은 한국에서 드물게 좋은 세계적인 음반을 많이 가지고 계신 분이라고 했다. 물론 그의 오디오도 보통 사람이 지니지 못할 만큼 고급 오디오라고 했다. 그런 자신의 음반 수집에 대해서는 남들에게 자랑삼지 않아서 가까운 사람들도 모를 정도였다. 나도 그런 사실을 안 것은 어느 날 일간신문에 그의 기사를 접한 뒤에서였다.

내가 병실에 누워 있을 동안 그분은 내게 음악에 대한 많은 이야기를 들려주었다. 그런 이야기를 통해 고통 속의 나를 위로해주려 했었다. 나는 그의 이야기를 들으면서 얼마나 음악을 사랑하고 음악에 대한 박학다식한 분인가를 알았고 음악을 통해 많은 위로를 받았다. 또 그는 마치 오페라의 가수를 떠올릴 만큼 아름다운 목소리도 지니고 있었다.

시골 작은 성당에 다녀오던 길이었다. 달빛이 얼음처럼 푸르고 눈 덮인 들판은 순결한 흰빛으로 무릎을 꿇고 싶을 만큼 아름다웠다. 그 들판을 바라보고 섰던 그분은 성가 〈평화를 주옵소서〉를 부르기 시작했다. 그의 노랫소리는 얼마나 애절하고 절박하고 아픈 마음을 담아 호소하듯 부르고 있는지 듣고 있던 내 영혼조차 그의 노래 속으로 빨려드는 듯 했었다.

"어여삐 여기소서. 참 생명을 주시는 주…"

나는 지금도 그분을 생각하면 그 노랫소리와 함께 가슴 한편이 시려온다.

모차르트의 레퀴엠 이야기를 나눈 때가 있었다.

왜 모차르트는 이름을 밝히지 않은 낯선 사람에게서 〈레퀴엠〉의 작곡 청탁을 받았을까요? 왜 거절을 못했을까요? 돈 때문이었을까? 아니면 자신의 죽음에 대해 불길한 예감에 사로잡혀서였을까요? 결국 자신의 진혼미사곡으로 쓰이게 된 레퀴엠의 작곡을 끝맺지도 못하고 35세의 나이로 세상을 떠나면서 말이에요. 가난하고 외롭고 고통스런 날들 속에서 자신의 천재성조차 인정받지 못하고 세상에 떠밀려 생을 마감하면서, 자신의 음악이 영면조차 할 수 없는 자신을 위한 음악이 되어주리라는 것까지도 그는 알고 있었던 것은 아니었을까요? 지금 그의 묘비는 빈의 성 마르크 묘지에 있지만 그의 유해는 어디에도 없데요. 두 사람의 인부가 표시조차 없이 매장한 그

였으니 오랜 세월 흔적조차 없어진 무덤을 찾기는 쉬운 일이 아니겠지요. 그래서도 더욱 비극적이고 허망한 삶의 마감을 느끼게 돼요.

그때, 그분은 빙그레 웃으며, 내 말을 듣기만 했었다.

젊은 날 그 눈부시던 모습을 스스로 지우고, 세상 바람에 떠밀려 수단을 벗고, 음악도 함께 묻고, 세상 속으로 들어가 흔적을 감춘 사람. 한 사람이 그의 곁에 다가섰을 때 자신의 불행을 예감하였을 터인데도 그는 왜 손을 내밀어 자신의 몫으로 그를 받아드렸을까? 스스로 고통 가운데 괴로워하고 참회하는 인간의 모습으로 돌아가려고 한 이유는 무엇이었을까?

"그 영원한 참 평화를 우리에게 주옵소서."

낮으면서 흐느끼듯 바치는 그의 노랫소리가 레퀴엠 속에서 살아 나온다.

(2000)

십 년 후

"십 년 후 오늘—."

"그래."

"여기."

"시간은?"

"지금 이 시간."

"그 때가 되면 우리는 어떻게 변할까?"

"명인 아기를 둘쯤 데린 엄마가 되겠고—."

"식인?"

"나? 나는 여전히 지금처럼 혼자겠지 뭐."

우리는 소중한 보물이라도 나눠 가진 듯 십 년 후의 약속을 해보며 꼭 지키자고 즐거운 마음으로 커피 잔을 높이 들었다.

우리들의 삶이 가장 성숙되어질 십 년 후의 모습을 가늠해

보며 정말 그 때가 되면 저마다 한 세계를 지니고 있는 멋있는 너와 내가 될 거라는 생각에 가슴이 뛰기도 했었다.

흐르는 세월이 불안했지만 볼프강 보르헤르트의 ≪문 밖에서≫의 주인공들이 되지 않는 한, 그리고 우리의 삶이 너무 비대하여 우쭐대며 이국에 뿌리를 내리지만 않는다면 우리는 만날 수 있을 것이라고 굳게 믿었다.

그 십 년.

십 년이면 강산도 변한다지만 나는 그 많은 날들을 부챗살처럼 접고 십 년이 되는 날 그 자리에 가슴을 설레며 서 본 것이다.

이 땅에서 평화와 안정이 지속되어 무사히 십 년을 흐르게 한 세월에 감사하면서, 그간 서로 만나지는 못했지만 이 땅에 뿌리를 내리며 살아온 것에 감사하면서, 십 년 전 그 집이 조금도 변함없이 그 자리에 있음을 더욱더 감사하면서 그를 기다렸다.

그릴의 분위기는 십 년 전과 조금도 다름없이 따뜻했고 아담했다. 사람은 달랐지만 전과 다름없이 한 여인이 붉은 조명 아래 단정히 앉아 하몬드 오르간을 연주하고 있었다. 바하의 〈G선상의 아리아〉가 조용한 공간에 물을 담듯 채우고 있었다. 그 때는 그리그의 〈솔베이지의 노래〉가 연주되었었다.

나는 식탁에 앉아 눈을 감았다. 그리고 십 년 전으로 자꾸 거슬러 오르는 나를 보았다.

내 옆 식탁에 한 쌍의 젊은 남녀가 앉으며 큰 소리로 떠들기 시작했다. 우리가 십 년 전 십 년 후를 약속하던 그 때의 모습

같은 젊음들이었다.

"너 그럼 언제 돌아오니?

여자가 맥주잔을 들어 올리며 명랑한 목소리로 남자에게 물었다.

"너 정말 나랑 같이 가지 않을래?"

남자가 정색을 하듯 물었다.

"내가 무엇 때문에 너를 따라가니?"

"그럼 내가 돌아올 때까지 기다릴 거지?"

"글쎄, 생각해 봐야겠어. 나는 내 젊음을 그렇게 곁에 없는 사람 기다리면서 멋없이 버리고 싶지 않으니까 말야."

"넌 날 좋아하잖아?"

"좋아하는 것은 본인이 곁에 있을 때야. 너나 나나 헤어져 살면 변하지 않는다는 보장을 어떻게 할 수 있지? 사랑하는 사람 잃기 싫거든 네가 가지 마, 간단하잖아?"

"그건 안 돼, 그렇게 간단하지가 않아. 내 일생에 단 한 번 가장 중요한 기회야. 여자 때문에 포기할 수는 없어."

"알았어, 그럼 우리 사이는 끝나는 거지 뭐."

"그게 정말이니?"

"도리 없잖아? 내가 뭐 현대판 춘향이라고 시시하게 기다리니. 싫다 얘."

어쩌다 남들의 이야기를 어깨 너머로 들어버린 것이 민망했지만 그보다 그들이 하고 있는 이야기의 내용과는 달리 그들의 음성이나 태도가 너무도 태연한 데 나는 놀라지 않을 수 없었다.

십년 전 이 자리에서 나눈 남녀의 대화가 열정을 안고 고민하는 이상적인 것이었다면 이들 남녀의 대화는 분별을 앞세우고 선택하는 현실적인 것 같았다.

나는 그들의 냉정한 대화가 분명히 자신들의 입장을 밝히는 바른 태도라고 생각해 보면서도 어떤 차가운 한기에 몸을 떨었다. 너무 변한 인정에 새삼 고개를 끄덕이었다.

그는 끝내 나타나지 않았다.

나는 처음부터 그가 오리라고는 생각하지 않았다. 사실 그가 오고 안 오고가 내겐 그렇게 큰 문제가 되는 것도 아니었다.

그는 이미 옛날의 약속쯤은 잊고 있을는지 모른다. 즐겁고 꿈 많던 시절 소꿉장난 같은 약속이었으니 말이다.

그는 지금 한 의젓한 사회인이다. 명예와 체면을 알고 옛 약속을 소중히 기억하는 세상모르는 나 같은 친구를 딱하게 여길 만큼 세상과 타협할 줄도 알고, 때도 조금은 묻어 있을 것이고, 그리고 설령 우리의 약속을 기억하고 있더라도 그런 따위의 약속쯤 우습게 여길 만큼 뱃심도 생겼고, 설사 이 자리에서 만난대도 나를 알아보지 못하거나 내가 알아보지 못할 만큼 변해 있을지도 모를 일이었다.

그는 십 년 전 내 앞에서 하던 말과는 달리 지금은 한 여인의 남편이요 두 자녀의 아버지가 되어 있으니 말이다.

나는 그릴을 나왔다. 거리는 어둠에 덮여 있었고 거리를 지나는 많은 사람들에게서 가랑잎 소리가 들려왔다.

'하필이면 십 년 후 약속이었담. 이십 년 후쯤이었다면 더욱 좋았을 텐데—.'

거리의 인파가 잠시 소용돌이치더니 이내 길 따라 흐르고 있었다.

나도 그 속으로 빨려들며 달도 별도 없는 도심의 하늘을 올려다보았다.

(1977)

내 안의 섬

여름날 시나브로 더위에 젖어들 때면 시원한 바다가 그리워진다. 그럴 때면 그리운 고향을 찾아가듯 내 기억 속에 살아있는 섬들을 찾아 옛 추억속여행을 해보고 싶어진다. 완도 장도리 바닷가의 파도소리는 지금도 꿈결처럼 귓전을 맴돈다. 매끄럽고 둥근 큰 검은 몽돌들로 덮인 해변으로 밀려왔다 물러서며 엮어내는 파도소리는 물새들이 어울려 조잘거리는 것 같은 소리 같았다. 모래로 된 바닷가의 파도소리는 쏴아– 하는 바람소리처럼 들리는데 장도리 바닷가의 파도소리는, 물이 돌 사이를 빠져나갈 때면 '딱 따다르르르-- ' 하는 소리로 시작하여 새들의 재잘거림같이, 아니면 유리조각들이 서로 부딪쳐 사각대는 소리같은 환상적인 소리였다. 바다 속에 잠긴 달을 흔들며 파도가 속삭이던 노래를 밤새 바닷가를 서성이며 들었다. 지금도 변함없이 그 자리에 그렇게 연주되고 있을 것이다. 그곳이 아니면 들을 수 없는 그 소리, 그 몽돌해변의 파도소리를 다시 듣고 싶다. 그 소리를 들으면 더위도 물살 속의 몽돌처럼 부드럽고 아름다운 몸짓으로 잠겨 시원해질 것 같다.

섬은 파도소리만 있는 것이 아니다. 서해바닷가 한 작은 섬은 사람을 그리워하는 인정이 파도소리처럼 절절했다. 한번 들렀다 떠나는 사람조차 가슴에 품는 사람들이 살고 있는 곳, 전에는 바닷길로 8시간씩 배를 타고 들어가야 하는 휴전선 안에 위치한 작은 섬이었지만 지금은 강화 창후리에서 배로 15분이면 건널 수 있게 되어 수시로 드나들 수 있는 섬이 되었다. 전에는 그곳을 가려면 인천 앞바다에서 물때를 맞추어 떠나는 배를 타야 했다.

북한 땅이 육안으로 건너다보이는 서해바다 외딴섬에서 1년간 교편을 잡은 일이 있었다. 그곳은 즐거운 추억보다 고생했던 기억들이 더 많이 남아 있다. 그래도 정들고 그리운 느낌이 남아 지금 찾아가도 그때 누군가가 반겨줄 것만 같다. 그 섬을 떠올리면 지워지지 않는 소년의 영상이 떠오른다.

섬을 떠나는 배를 향해 둑길을 따라 달려오다 자신의 소리조차 들리지 않게 멀어지자 땅에 주저앉아 함께 이별조차 나누지 못한 아픔을 토해내며 마냥 땅을 치며 통곡하던 소년의 모습이다. 다시는 만날 수 없는 사람과의 이별을 나누지 못한 것이 그토록 큰 아픔이었고 절박한 고통으로 다가왔었는지.

떠나는 내 가슴조차 미어지게 만들던 소년, 20대 초반의 병아리 선생님과 어린 학생은 불과 10년의 나이차도 되지 않는 간격을 두고 교사와 학생으로 만나 그렇게 헤어졌다. 지금 한 대학의 교수로 퇴직을 앞에 두고 있는 또래지만 아직도 그날 그 소년의 모습은 지울 수 없는 떨림으로, 변하지 않는 모습으로 기억 속에 남아 있다. 도시인으로 섬의 외로움을 견디지 못하고 떠나야 했던 선생의 심정을 그 소년은 알고 있었을까? 그래서 그렇게 총총히 떠나는 사람과 작별조차 서러웠을까? 그 섬에 그 소년은 아직도 일상의 외로움을 파도에 씻으며 찾아오는 인정의 밀물을 기다리며 살아가고 있을지도 모른다.

"선생님, 저 사람은 서울에서 오는 사람 같아요"

"어떻게 아니?"

"손이 하얗고 예쁘잖아요?"

부두에 배가 들어오면 무작정 달려 나가 배에서 내리는 사람들을 지켜보며 사람이 그리워 눈물 글썽이는 내게 소년은 언제나 내 곁에서 그렇게 나를 위로하며 친구가 되어 주었다.

서해의 한 작은 섬, 작은 중학교라 그때 지리 교사가 없어 지리도 맡아 가르쳐야 했다. 어느 날 우리나라 지도를 그리게 한 시간에 학생들 대부분은 자신이 살고 있는 섬을 국토 옆에 강화도 크기로 그려 넣었다. 그들이 그린 지도의 크기로는 교동도를 아주 작게 표현할 수밖에 없는데 그들은 자신의 존재 이유만큼이나 의미를 지닌 자신들의 고향을 분명하게 모두에게 인식시키려는 듯 모양조차 갖추어져 크게 그려 넣었다. 그것은 자신에 대한 정체성의 확인인 것처럼 느껴지기도 했다. 지금 그들은 그곳을 떠나 대부분 뭍에 나와서 훌륭한 인재로 살아가고 있을 것이지만 그들 가슴 속에는 그때 그렸던 섬을 지금도 마음에서 내려놓지 못하고 살아갈 것이다.

나는 가끔 지도를 그리던 소년들을 생각해 보면서 나도 그들처럼 내 안에 어떤 섬을 지니고 살아가고 있을까? 생각해 본다.

남들에게 하잘 것 없어 보이는 섬도 가장 소중하고 가장 아름답게 느껴지는 섬, 그 섬의 존재로 하여 평생을 의지하고 자신의 정체성을 지니게 되는 세상과 맞바꿀 그런 섬이 내게도 있는지 한번 되돌아보는 것이다.

남해바다에 섬이 없다면 그 바다는 아름답지 않을 것이다. 남해바다에 섬이 없다면 바다 위로 몰아치는 태풍을 막아내지 못할 것이다. 다양한 섬들이 다양한 모습으로 남해에 드리워 그 바다는 서로가 다른 모습이지만 서로가 손잡고 있는 섬들의 모습으로 조용하고 아름답다. 그처럼 많은 섬들은 저마다 가슴에 간직된 저마다의 의미를 지닌 섬들로 세상을 가꾸어 나간다.

몽돌을 지니고 아름다운 파도소리로 자신의 바다를 아름답게 지키듯, 작은 고향의 섬을 자신의 정체성으로 연결하고 가슴에 묻어 큰 나를 살아가게 만들듯 그런 내 섬은 어떤 섬일까? 내 삶을 풍요롭게 하고, 꿈의 터전으로 지킬 내 섬은 나를 어떻게 세상에 서게 했는지. 오늘도 세상 바다에 떠 있는 내 안의 섬을 생각한다.

파도소리가 그리운 여름밤, 바닷가 해변마다 자신들만의 소리로 일렁이는 파도소리를 생각한다. 그 많은 섬 중 내게 인정을 일깨운 그날의 소년의 섬을 생각한다. 그곳을 다시 가보고 싶다.

(2009)

4부

다가오는 목소리

새벽 1시. 빗소리가 머리맡으로 자꾸 다가선다. 잠을 청하려고 몇 번이고 몸을 뒤채다 달아난 잠을 잡지 못하고 자리에서 일어나 모차르트의 음악을 틀었다. 빗소리와 어우러져 누군가 내 집 문을 흔드는 것 같은 느낌으로 텅 빈 공간을 채워간다. 주전자에 찻물을 끓이며 이명으로 남아 있는 그의 목소리를 되새김질한다.

느닷없이 걸려온 전화의 목소리. 생소하기만 한 목소리가 빗소리처럼 반복되며 다가선다.

미국으로 이민 가서 살고 있는 사람인데, 우연히 그곳에서 우리 잡지를 보다가 내 전화번호를 발견하고 전화를 걸어봤다는 것이다. 이제는 서툴어진 우리말, 20여 년이 지나 낯선 노년의 음성으로 다가오는 그의 목소리를 알아듣지 못하고 실수를 거듭한 끝에 겨우 기억해낸 내게, 나도 기억 못하는, 내가 보낸 편지의 한 대목이라며 내 기억에도 없는 글귀를 외우면서 나를 잊지 않고 있노라고 했다. 한번 만날 수 있다면 얼마나 좋겠느냐고, 그 말을 자동응답기의 테이프처럼 돌리다 전화를 끊었다. 나는 무엇에 홀린 사람처럼 말을 잃고 있다가 전화가 끊기고서야 새삼 부끄럽고 당혹스러워 몸 둘 바를 몰랐다. 나를 아는 사람들을 그토록 빨리 잊어온 내 생활이 얼마나 매정하고 메말라 있었나 하는 생각에서였다.

"고향은 다시 돌아가기 위하여 떠나는 곳이요, 타향은 떠남을 전제로 하여 머무는 곳이다."

이 말이 그에게 어떤 의미를 부여했는지는 모르지만 나도 새삼스레 그 말을 되씹어 보았다.

그는 대학교 때 어느 모임에서 만난 종씨 후배였다. 나를 몹시 좋아하여 졸졸 따라다니던 활달한 청년이었다. 그러나 사회인이 된 뒤에는 한두 번 편지가 오갔던 것으로 기억된다.

그가 한국을 떠날 때 내게 보낸 편지는 전보 같은 문구의 짧은 글이었다. 내일 몇 시 비행기로 이민 길에 오름, 그뿐이었다. 나는 서둘러 공항에 나가 그의 부인과 아이들을 처음 상면했었다. 병아리 같은 남매를 앞세우고, "누님, 성공하고 돌아올게요." 하는 인사를 남기며 떠나던 모습이 떠오른다. 일본에서 태어나 원폭피해자로 귀국했지만 한국에서조차 발을 붙이지 못했던 그는 결국 제3국인 미국으로 떠난 사람인데, 이십여 년이 지나도록 소식이 없었으니…….

나는 차 한 잔을 천천히 마시며, 혹시 책상 밑에 깊숙이 들어 있는 편지상자에 그의 편지가 들어있지 않을까 싶어 그 상자를 끌어내어 편지들을 쏟아 놓고 30여 년 전부터 받은 빛바랜 편지들을 뒤적거렸다. 이 상자 속의 편지들은 몇 번인가 정리하여 태워버리고 남겨진 것들로, 그리운 사람들의 소중한 글들만 남겨 둔 것들이다.

편지의 주인공들은 가족을 제외하고 나와 오래 사귄 사이로 이성으로 우정과 사랑을 나누기도 하고, 같은 분야에서 함께 일하며 만나고 헤어지는 과정에서 인정을 나누기도 했던, 또는 내 삶의 한 여정에 각인된 사람들이다. 나를 속속들이 알고 있는 사람들, 또는 알려고 노력한 사람들, 좋아한다고 좋아하자고 다가서던 사람들, 그들의 목소리가 차곡차곡 담겨 있는 편지들이다. 그 빛바랜 편지들이 일제히 오케스트라의 주자들처럼 각기 다른 음색으로 그 시간으로 소급하여 환상 교향곡을 연주하기 시작했다. 그 음악소리들은 모두 젊고 사랑과 고뇌와 열정을 담고 있었고 이별과 그리움의 아픔도 함께 담고 있었다.

이십대의 편지글 속에는 무엇이 그리 절실하고 간절했는지, 무엇이 그리 고통스럽고 고뇌하게 했는지 세상의 모든 문제를 자신의 문제로 염려하고 힘들어하고 좌절하고 비관하고 세상은 모두 자신들의 것인 양 했던 마음들이 담겨 있었다. 삼십대의 글에는 만나고 헤어짐을 분명히 행동으로 드러내려는 분별을 가지려고 노력하는 삶의 자세들이 보였다. 가까워지면 안 되겠지? 사랑하면 안 되겠지? 두려워하면서 주저하면서 자신을 달래면서 초연한 척 겉 다르고 속 다른 사십대의 모습들로 바뀌기까지 한 사람의 세월의 흔적이 담겨 있기도 했다.

지금 우리가 쓸 수 있는 글이란, 만남은 이웃사람처럼 반기고, 헤어짐은 악수만큼의 인사로, 그래서 만남에도 헤어짐에도 마음의 흔들림을 드러내지 않는 그저 평범한 편지글을 쓸 뿐인데 그날의 젊음들은 보석처럼 빛나 보이기도 했다.

그때는 그토록 가슴 절절한 편지를 받고도 그 사람의 마음을 몰랐었을까? 내가 얼마나 둔하고 어리석었으면, 그때의 마음들을 이제야 가슴 설레며 헤아려 보기도 한다. 그러나 이미 먼 어제들의 이야기들이다. 내가 그들에게 보냈던 편지들도 또한 그러했으리라. 그러나 지금 우리는 서로가 글 속의 마음을 모두 잊고 살고 있다. 무슨 글들을 썼는지조차 모르고 있다. 안다고 해도 그때의 사람들이 아니니.

생을 달리한 사람들의 글도 있다. 수필가 H씨, 그의 부인, 그의 제자, 그리고 두 분의 은사님, 그 분들의 목소리도 생시처럼 글 속에서 살아 나온다. 다시 만날 수 없음이 안타깝다.

편지들을 뒤적이며 젊은 날의 나를 본다. 글 속에 되비치는 내 모습이 파도 위의 모습처럼 흔들리며 낯설게 일렁거린다.

아무리 뒤져도 그의 편지는 보이지 않았다.

이제 이 편지들도 모두 태울 날이 있을 것이라 생각해 본다.

나도 모두의 기억 밖으로 밀려난다는 생각과 함께.

누군가 이 비오는 깊은 밤에 문을 흔드는 것 같은 모차르트의 음악 속에서, 편지조차 남겨지지 않은 사람의 이명 속에서 해묵은 편지들을 뒤적인다.

(1996)

단 한 사람만의 독자

고등학교 시절, 국어선생님께서 〈십 년 후〉라는 글을 읽어주셨다. 나는 그 글이 무척 마음에 들었으나 작가의 이름도 알지 못했다.

그 후 세월이 흘러 어느덧 나는 대학을 졸업할 무렵이 되었다. 공대생이었지만, 늘 문학에 관심이 있던 나의 취미 중에 하나는 후미진 동네에 숨어있는 헌책방을 탐험하는 일. 고서를 찾기 위함은 아니고, 그저 숨겨져 있는 좋은 책을 싼 가격에 살 수 있다는 기쁨을 만끽하기 위해서라고나 할까? 한남동의 어느 헌책방에서 책을 뒤적이던 나는 별로 화려하지 않은 수필집 하나를 꺼내 들어서 살펴보는데, 문득, '십 년 후'라는 제목이 눈에 들어왔다. 혹시나 하는 마음에서 읽어보니 아니나 다를까, 예전에 국어 선생님이 읽어주신 바로 그 글이었다. 나는 너무도 기뻐서 그 책을 가슴에 꼭 품고 집으로 돌아왔다. 그리고 1977년 간행되어 종이가 누렇게 바랜 이 책은 내가 가장 아끼는 장서가 되어 언제나 나의 책상 위에 놓여있다

어느 날 인터넷을 뒤지다 우연히 내 글이 뜨는 홈을 발견하고 들어가 보았다. 〈가슴을 따뜻하게 하는 글들〉이란 제목 아래 위와 같은 글이 실리고 내 작품 〈십년 후〉.〈꼽추와 시인〉, 〈비둘기의 죽음〉 등 몇 편을 소개하고 있었다. 그 홈의 주인은 군대에서 막 제대한 청년으로, 직업은 카피라이터였다.

한 번도 만나본 적이 없는 청년이지만, 고교시절 국어선생님이 읽어준 한 편의 수필을 기억하다 찾아 낸 낡은 수필집 한 권의 기쁨을 더불어 나누고 싶어 하는 독자를 대하니 글을 쓴 필자로서 반갑고 부끄럽기도 하고 고맙기도 하여 그에게 전화라도 걸고 싶은 심정이었다.

그 수필집이 나올 무렵 나는 여자고등학교 국어교사였다.

어느 날 아침 자습시간에 학교방송으로 내 작품인 〈십년 후〉가 아나운서의 목소리로 흘러나오는 것이었다. 그 당시 어느 방송국에서 심야방송으로 〈밤을 잊은 그대에게〉란 프로가 있었는데, 그때 내 수필을 낭송하는 것을 어느 학생이 재빨리 녹음해서 다음날 학교로 들고 와서 아침 자율학습시간에 틀었다는 것이다. 그 뒤 EBS 교육방송에서 〈수필이란 무엇인가〉라

는 대담프로에서 몇몇 수필가와 대담을 한 후 〈십년 후〉를 영상물로 제작하여 내보낸 일도 있다.

나는 30년 전 내 작품의 독자를 만나면서 내 기억에서조차 멀어진 내 수필집을 새삼스레 꺼내어 그 독자처럼 그 작품들을 다시 읽어보았다. 독자가 잊지 않는 작품을 독자의 입장에서 읽어보고 싶어서였다.

지난 여름 미국 LA 해변문학제에 갔다가 우연한 기회에 또 다른 내 글의 독자를 만난 것이다.

"12년 전 제가 서울에 갔다가 어느 서점에 들렀는데, 제목이 〈정바라기〉라는 특이한 수필집이어서 사들고 왔는데, 글들이 얼마나 아름다운지 저는 그 수필집을 지금껏 간직하며 선생님을 짝사랑해왔어요."

하며 처음 만난 필자인 내 손을 잡고 눈물을 글썽였다. 그리고는 그 수필집에 들어 있는 자신이 좋아한다는 작품의 글귀들을 줄줄 외우는 것이 아닌가?

한 번도 만나보지도 못했으면서도 그 필자의 글을 좋아하며 12년이란 긴 세월을 마음에 간직하고 살아온 독자. 그와의 만남은 내게 충격이요 사건이었다. 나는 그녀를 얼싸안고 반갑고 고마워서 기쁨에 춤이라도 추고 싶었지만 아무 말도 하지 못한 채 덤덤하게 그녀를 지켜볼 뿐이었다.

그 기분은 마치 한 번도 만난 일이 없는 이산가족의 상봉을 하는 것 같은 느낌이었다. 사춘기 소녀도 아닌 중년의 주부가 지녀온 소중한 그리움, 그런 그리움의 대상이 되어 있었다는 것이 왜 이리 부끄럽고 송구한 것인지.

내게도 40여 년 간 작품을 외우면서 그 작품을 쓴 시인을 만나고 싶어 한 때가 있었다.

중학교 때, 〈학원〉이란 잡지에 당선한 한 소년 시인의 시가 좋아 그 시를 암송하며 시인의 이름을 기억하지 못한 것이 그리 야속할 수가 없었다.

나는 어느 우연한 기회에 J 시인 앞에서 그 이야기를 하며 혹 그 시인을 기억하느냐고 시를 암송해 보이며 물었다. 그도 소년시절 같은 또래로 학원에 당선한 경험이 있는 시인이어서 알 수 있을 것 같아서였다. 그런데, 내 말을 듣고 있던 그 시인은 말을 잊은 채 나를 지켜보는 거였다. 그는 당황함과 반가움 같은 물기가 서리는 눈빛이었다. 그리고는 내가 외우다 만 구절을 이어 외우는 거였다. 그때 시인의 목소리는 떨려나고 있었다.

자신의 기억 속에서도 멀어진 소년 시절의 시를 아직도 외우고 있는 독자가 있다니, 그 독자가 20년도 넘게 알고 지낸 사이라니.

그날 나는 J시인이 아닌 오랜 세월 그리워하던 이름 모를 시인으로 만나 감회에 젖은 때가 있었다.

모든 작가들은, 진정 내 글을 좋아하는 단 한 사람만의 독자로도 행복할 것이다. 단 한 사람만을 위하여 평생을 바치는 사랑처럼 작품을 통한 그런 필자와 독자의 만남이고 싶어 글을 쓸 것이다.

내 젊은 날에 만난 그 많은 책 속의 연인들, 그들 뒤에 숨어 있는 작가를 흠모하며 살아온 날들이 새삼 그리움으로 다가온다. 그들은 이따금 소나기가 되어 메마른 내 가슴을 촉촉이 적셔준다.

지금도 나는, 나를 사랑할 단 한 사람만의 독자와 만나기 위해 책상 앞에 앉는다. 그리고 기도를 드린다.

진실한 영혼의 목소리로, 단 한 사람의 독자 앞에 서게 하소서.

(2005)

빈 집

지난겨울 바람에 흔들리던 벌집이 땅에 떨어졌다. 접착제로 붙인 것보다 더 단단하게 붙어서 떨어질 것 같지 않았는데 공중에 매달려 있는 집이라 바람이 불 때마다 동서로 부라질을 하더니 매달린 꼭지에 금이 커지면서 칼로 자른 듯 끊어져 버린 것이다. 벌들이 없는 빈집은 시골에 버려진 빈집들처럼 바람의 무게를 이기지 못하고 스스로 여위어 무너져 내린 느낌이었다.

어느 날 거실 커튼을 열자 유리벽으로 내다보이는 처마널에 집을 짓고 있는 작은 벌들이 눈에 들어왔다. 벌이라기보다 개미라고 착각할 만큼 아주 작은, 나나니벌처럼 생긴 처음 보는 벌들이었는데, 어디서 날아왔는지 이미 엄지손가락 크기의 집이 지어지고 있었다. 나는 그 벌들을 발견한 후 작은 벌들이 움직이는 세계가 흥미로워 바라보는 시간이 잦아졌다.

그렇게 바라보게 된 벌들의 역사役事는 봄에서 초겨울까지 이어졌는데 그 동안 벌집은 껍질이 벗겨진 작은 수세미 하나가 납작하게 눌린 모습처럼 커지며 수백 마리를 헤아릴 것 같은 벌들이 그 집을 덮고 있어서 장관을 이루었는데, 어느 추운 날 새삼 커튼을 걷고 바라본 그 벌집에는 벌들이 모두 사라지고 육각형의 촘촘한 소반巢盤만이 마치 구렁이 허물처럼 속살을 드러내며 바람에 흔들리고 있었다.

수백 마리가 까맣게 벌집을 에워싸고 분주하게 역사가 이루어지던 때와는 달리 그들이 평생을 바쳐 집을 짓던 작업은 추위와 함께 끝이 났다.

도로徒勞에 불과한 작업을 위해 평생을 걸고 허덕이더니. 껍질만 남아 깃발처럼 펄럭이는 빈집은 바라보기조차 허망했다. 그리고 그 집조차 제자리를 지키지 못하고 떨어진 것이다.

나는 떨어진 빈 벌집을 차마 버리지 못하고 햇볕이 잘 드는 처마 밑 나무더미 위에 얹어놓고 봄에 벌이 나오기를 기다려보기로 했다.

내가 어릴 적에 본 외가의 꿀벌들은 겨울이 되어도 죽지 않았다. 벌통의 벌들이 겨울을 넘길 꿀이 모자랄 때는 밖으로 나간 수벌이 벌통에 들어오지 못하게 입구에서 막아 벌통 속에 벌의 숫자를 스스로 조정하는 것은 보았지만, 봄이 되면 배로 늘어난 식구로, 스스로 여왕벌이 벌통 밖으로 나와 일정한 일벌과 수벌을 데리고 분가하기까지 하는데, 그런 것으로 미루어 보면 그 벌집에도 여왕벌이 묻어둔 유충은 있을 것만 같았다.

이곳에 집을 지을 때는 영원히 살아 있을 것처럼 사력을 다해서 집을 짓고 꿀을 저장했는데, 비 오는 날에도 꿀을 찾아 빗속으로 날아갔고, 어두운 밤에도 집을 지으면서 봄부터 가을까지 여러 가지 꽃들이 피어 있는 우리 집 마당을 행운의 터전으로 생각하고 부지런히 움직였는데, 봄이 오면 그 작은 날갯짓의 모습들을 이 뜰에서 다시 보고 싶었다.

지금 봄볕이 눈부신 뜰에서 작은 벌들이 남긴 꿈의 껍질을 생각한다. 죽음을 앞에 놓고 모천으로 거슬러 오르는 연어처럼 어미는 죽음을 감지하며 내일에 벌집을 지을 유충을 묻고 떠났을 것을 믿고 싶다.

마당에 꽃씨를 심는다. 마당에 꽃이 피어나면 어디서 왔는지 알 수 없지만 그 벌을 닮은 다른 벌들도 날아들어 그 자리에 다시 집을 지으며 열심히, 꿀을 저장하며 삶의 터전을 만들어 갈 것이다. 비록 삶이 노역으로 남겨질 빈집을 짓는 허명놀이라 해도.

(2005)

서울의 옛집

지금은 흔적조차 찾아볼 수 없도록 변해버린 서울 중심지지만 60년대만 해도 세종문화회관 뒤편으로, 그리고 적선동에서 궁정동으로 이어지는 일대에 한옥들이 많이 남아 있었다.

용마루를 타고 내리는 까만 기왓장들이며 버선코처럼 상큼하게 올라간 추녀 끝, 고개를 들고 올려다보면 기와를 받친 평교대 밑으로 예쁘게 뻗어 나온 서까래며 솟을대문 양편으로 이어지던 완자무늬, 만자무늬, 화초무늬의 꽃담들…. 그러나 지금은 서울 복판에서 그런 집들을 찾아보기는 힘들다.

내가 어린 시절에 살던 집도 세종문화회관 뒤편에 있던 한옥이었는데, 내 힘으로는 밀어 열리지도 않던 크고 높은 솟을대문이 있고, 그 대문으로 들어서면 행랑채가 있고, 중문을 들어서면 좌측에 안채와 비슷한 구조의 사랑채가 있고, 우측 문을 들어서면 안채가 있는데, 안방, 윗방, 부엌, 대청마루 건넌방, 아랫방 또 이어서 방들이 있고, 뒤뜰에는 비취빛 청석의 장독대와 큰 광이 있던 것으로 기억되는 집이었다.

10여 년 전까지도 세종문화회관 뒤편에는 도시개발에 밀려 헐려 가는 한옥들이 드문드문 빌딩 숲에 끼어 있는 모습을 볼 수 있었다. 어쩌다 그 앞을 지날 때면 내 집이 헐려 가는 것을 보는 것 같아 그냥 지나치지 못하고 어정어정 기웃기웃하며 공연히 가슴을 앓아본 일도 있었지만 지금도 세종문화회관 뒤로 접어들면 어린 내 기억 속의 집들이 살아 나와 아름다운 모습으로 펼쳐지곤 한다.

한옥 대문에는 둥글고 큰 문고리가 가운데 달려 있고, 대문 아래 위, 그리고 중앙에 꽃봉오리 같은 놋장식을 나란히 여러 개 박아놓아 아름다움을 돋보이게 한 대문이다. 그 대문은 언제나 잠기지 않아 밀면 열리는 문이었으나 손님이 찾아오면 대문 밖에서 "이리 오너라." 하고 큰 소리로 기척을 했고, 안채나 사랑채에 그 소리가 들리지 않아 행랑채에 있는 행랑아범이 나와 손님을 맞아들였다.

안방 아랫목 쪽에는 십장생 민화가 붙어 있는 다락문이 있고, 그 다락문을 열고 올라서면 그곳에는 꿀이며, 곶감이며, 엿이며, 군것질거리가 있었다. 다락은 부엌 천장 위가 되는데, 옛 한옥은 안방에 작은 광을 하나 두고 있는 셈이다. 다락문 바로 우측에 마당으로 난 작은 미닫이가 하나 있는데, 대청마루를 지나지 않아도 드나들거나 밖을 내다볼 수 있는 머리맡 문이었다. 그 문 앞에는 툇마루가 대청마루에서 L자로 꺾이어 나와 있었다.

나는 서너 살 때 홍역을 앓았는데, 자리에 누워 있는 것이 답답하여 밖으로 나가겠다고 떼를 쓰면 내 마음을 어떻게 알았던지 내가 제일 무서워하는 망태 거지가 그 문 밖에 와서 우는 아이는 잡아간다고 미닫이를 긁어대곤 했었다. 그래서 망태 거지가 무서워 밖으로 나가겠다고 보채지도 못하고 지낸 기억이 있다. 작은 미닫이는 밖의 기척을 살피는 통로였지만 밖에 있는 어른들이 안을 향해 고개를 디밀 수 있는 통로이기도 했다.

그 미닫이를 열면 발발 기어오르던 겨울 햇볕이 툇마루 끝에 앉아 쉬고 있다가 툇마루에 놓여 있던 놋요강이며 툇마루 끝 부엌 문 앞에 놓여 있던 놋대야에 황금빛 동그라미를 그리며 눈부시게 했다. 나는 실눈을 뜨고 그 빛을 보다 눈이 부시면 다시 문을 닫고 햇볕이 금을 그으며 미닫이로 기어오르는 것을 지켜보았다.

햇볕은 언제나 마당에서 지대를 올라 봉당으로, 봉당에서 다시 댓돌위로 그리고 비로소 툇마루, 대청마루 입구까지 오르다가 사라졌다.

안방 작은 미닫이 반대쪽 벽에는 삼층 옷장이 있고, 그 옆에는 의걸이장 그 위에는 함이며 실궤가 얹어져 있었고, 의걸이장 옆에는 인장표 재봉틀이 있었다. 방 뒤쪽으로는 사방탁자가 있었고, 어딘가에 어머니의 경대도 있었던 걸 기억한다. 경대 서랍을 열면 용잠, 호도잠, 같은 비녀들이 있었고, 참빗, 얼레빗, 면경, 다리 등 여인의 화장도구들이 들어 있었다.

겨울이면 놋화로 위의 구리주전자에서 끓는 찻물이 방안 가득 향기로운 김을 서리게 하던 걸 기억한다. 어머니는 손님이 오면 그 따뜻하고 향기로운 차를 예쁜 찻잔에 따라 대접하곤 했다.

대청마루는 나무쪽들로 짜 맞춘 우물마루로 걸레질로 까맣게 윤이 났다. 그 마루 한 편에는 뒤주가 있고, 그 뒤주 위에는 백항아리들이 큰 것에서 작은 것으로 고여 삼층으로 세 줄 쯤 놓여 있었다. 뒤주에는 잉어 무늬 자물쇠가 걸려 있었고, 뒤주 옆에는 찬장, 찬장 위에는 모판이며 함지가 얹혀 있었고, 뒤뜰로 통하는 문도 있고, 여름에 대청 분합문과 뒤뜰 문을 열어놓으면 마주치는 바람이 여간 시원하지 않았다. 대청마루를 사이하고 안방 미닫이 건너편에는 건넌방 미닫이가 있고, 마루 끝에서 건넌방 툇마루는 높게 올라가 있고, 그 툇마루 밑에는 건넌방 아궁이가 있었다.

대청마루에 누워 천장을 올려다보면 우람하게 굵은 대들보가 천장을 질러 지나가고 그 대들보에 의지하여 서까래들이 일정한 간격으로 줄을 맞춰 사선을 그으며 처마 끝까지 이어져 나갔다. 대들보에는 이 집을 지은 연대가 한자로 쓰여 있었고, 그 대들보에 의지하여 늘여져 있는 횟대에는 여름에 쓰는 발이며 마루에 까는 돗자리 같은 것들이 얹혀 있었다.

어머니의 하얀 고무신은 언제나 얌전하게 섬돌 위에 놓여 있었다. 나는 밖에서 놀다 들어와 섬돌 위에 어머니의 하얀 고무신이 눈에 띄지 않으면 행랑채로 가서 그곳 아이들과 놀았다. 행랑채에도 어른은 보이지 않고 남매인 듯한 내 또래의 어린아이들만 남아서 놀고 있었는데 우리는 방안에서 여인의 치마를 이마에 묶고 뒤집어 면사포를 쓴 형상을 만들고 결혼하는 놀이를 하며 놀던 기억이 있다.

그것도 지루하면 사랑채로 나가 어른들 무릎에 앉아 옛날이야기를 듣다가 잠이 들곤 했었다.

불과 50여 년 전. 유년의 기억 속에 살아 있는 우리 생활공간의 모습이다. 그러나 지금은 박물관에나 가면 만나게 될까 도시 속에서는 만나기 힘든 풍경들이 되었다.

지금의 서울을 바라보면, 1000여 년 전 도시를 그대로 유지하고 있는 체코의 프라하를 떠올리게 된다. 마치 도시 전체가 박물관이나 미술관같이 다양한 건축양식과 성채와 아주 좁은 골목들이 옛 모습을 그대로 지니고 있어 그들의 문화유산에 대한 애정이 부럽기만 한 것이다.

그나마 우리의 경복궁을 되살려내고 있는 작업이 이루어지고 있음이 얼마나 다행한 일인지 모른다. 아울러 따뜻한 온돌이 있고, 아랫목에 보료가 깔리고, 대청마루에서는 차도 마시고 많은 사람들이 대화를 나누고, 음식도 책상다리를 하고 앉아 구절판에 신설로가 오르는 밥상을 받아볼 수 있는 우리의 한옥도 서울 한가운데 다시 마련될 수 있다면 얼마나 좋을까?
 오늘도 나는 그런 생각을 해보며 유년의 서울을 찾아가고 있다.

(2005)

편지

육필로 써 보내는 편지에선 그 사람의 모습을 만날 수 있다. 편지 겉봉만 보아도 그리움이 피어나고, 목소리가 떠오르고, 그 사람의 체취를 느끼게 된다. 보낸 사람의 이름을 읽는 순간 반가움과 고마움에 가슴이 떨리고 나를 잊지 않고 기억해 주고 안부를 보내준 것에 대해서 친근감과 그 정성에 감동한다.

우리 집 우편함에는 날마다 우편물이 담긴다. 서적, 고지서, 안내서, 광고물 등 참으로 다양한 내용의 우편물들이다. 그런데 언제부터인가 그런 육필 편지는 거의 오지 않는다. 우리 집에는 사춘기 소녀도 20대의 청춘도 없으니 연애편지가 날아올 리 없고, 인기 있는 연예인도 없으니 화려한 엽서가 날아올 리 없다. 그래도 나는 편지함을 열 때면 육필로 쓰인 편지를 써야 한다는 생각으로 편지를 보낼 사람을 생각해 보기도 한다.

나는 열여섯 살 때부터 편지를 썼다. 그 편지들 중에는 내 편지가 아니고 남의 편지를 대필해준 편지들도 있었다.

6 · 25전쟁으로 시골 외가에 살고 있을 때, 한글을 모르는 시골 아낙네들이 많아서 중학생인 내가 야학을 연 일이 있었다. 무엇을 어떻게 가르쳤는지 기억에 없지만 꼬마 선생이란 별명을 달고 밤마다 등잔불 아래서 한글을 가르쳤다. 그때 내게서 한글을 배우던 여인들은 편지를 쓰고 싶은 사람들이었다, 군에서 오는 편지를 읽을 수가 없어 답답하고 또 그에게 답장을 써야 하는 일이 난감한 여인들이었다. 나는 그녀들이 내미는 편지를 큰 소리로 읽어주었고, 그 편지의 답장을 써 주어야 했다. 온갖 묘사와 수식어를 다 동원하고 편지를 써주면 자신의 마음을 대신해서 써 내려간 문장에 감격하고 그 글을 자신이 쓴 편지로 일선으로 보냈다. 그렇게 해서 띄워진 편지는 그녀의 남편이나 애인의 마음에 위로를 주었던 것 같다.

때로는 내가 쓴 편지 글 하나를 놓고 여러 사람이 베껴 보내기도 했었다. 지금 생각해보면 민망스러운 추억이지만 그 때 내 글로 사지를 헤매던 사람들에게 희망과 사랑을 전달해 주었으니.

나는 그런 편지를 쓰려고 많은 연애소설을 읽었다. 그리고 마음에 드는 구절들을 베끼거나 외웠다. 괴테의 '젊은 베르테르의 슬픔'과 지드의 '좁은 문' 그리고 바이론과 베르랜느의 시 등 많은 책들을 읽던 기억이 있다.

고등학교 교사로 근무할 때, 크리스마스가 임박하면 학생들에게 국군장병에게 편지를 쓰게 했는데, 담임이었던 나는 학생들이 편지를 쓸 동안 나도 써서 가명의 학생으로 함께 보내고는 했다. 그 가명의 학생 편지에 답장이 왔다. 나는 다시 그에게 격려의 편지를 보냈지만 계속되는 것이 부담스러워 한두 번으로 편지를 더 쓰지 않았다.

그 이듬해 5월 어느 날이었다. 소위 계급을 단 군인이 학교를 찾아와서 아무개 오빠 되는 사람인데 그 학생을 만나게 해달라고 했다. 없는 학생의 오빠라니. 나는 그가, 내가 만든 학생의 편지를 받고 답장을 써 온 군인임을 알 수가 있었다. 나는 진실을 말할 수 없는 미안함으로 진정 사과하고 싶은 마음이었지만 말을 할 수가 없었다. 나는 얼떨결에 그 학생은 3월에 미국으로 온 가족이 이민을 갔다고 했다. 만날 수 없는 것이 안타까운 듯 고개를 떨구고 돌아서 가는 그의 쓸쓸한 뒷모습이 아직도 생생하다.

편지는 그리운 사람을 더욱 그립게 하고, 만나고 싶은 사람들을 더욱 보고 싶게 한다.

내가 편지 쓰기를 즐겼던 것은 연애편지를 대필한 데도 있지만 중학교 때 은사님이 내게 주신 편지에서 비롯된 것 같다.

살로메 여사에게 3천 통의 편지를 남긴 릴케의 이야기를 시작으로 내게 백여 통의 편지를 주신 선생님. 나는 선생님의 편지를 읽으면서 문학의 세계에 눈을 떴고, 편지 쓰는 기쁨으로 온 밤을 지새우기도 했었다.

라디오도 T.V도 없던 시절 편지 쓰기는 내 문장수업의 과외시간과 같은 것이었다. 선생님은 많은 시를 써 보내주시면서 그 시들을 외우게 했고, 글을 쓰게 했다. 하지만 '너는 문인이 되기를 바라지 마라. 문학의 길이란 외롭고 험난한 길이니 문학을 즐기는 것으로 만족하여라.' 하는 글을 주시기도 하셨다. 두고두고 생각해보면 선생님의 체험의 목소리가 그 말속에 담겨 있음을 오래도록 깨달아 가는 것이다.

쓰고 찢고, 또 쓰기를 밤새워 하며 한 통의 편지에 자신의 전부를 담아내려고 애를 쓰던 시절, 하지만 내가 쓰는 편지에는 내 마음과 목소리가 담기기보다 자신의 약점은 숨기고 모르면서도 아는 척 과장하고 남의 것을 내 것처럼 각색된 내용으로 채웠을 것이다. 잘난 척 멋을 부리려던 그 글들을 선생님은 미소로 받아보셨을 것이다. 사랑하는 제자의 성장을 불안하게 지켜보시던 선생님은 그러나 지금은 세상에 계시지 않으시다. 내가 다시 선생님께 글을 쓸 수 있다면 진정 내 목소리가 담긴, 어리석은 내 모습을, 허둥대며 세상을 살아가는 이야기를 들려드렸을 터인데…….

우리가 잊어가고 있는 아름다운 인정의 가교는 편지만한 것이 또 있을까?

누군가 나를 생각하며 써 보내는 편지. 그런 편지를 받고 싶어 나는 컴퓨터 앞에 앉는다. 육필로 쓴 편지에 우표를 붙이고 우체통에 넣고 그렇게 해서 보내는 편지는 아니지만 육필 편지를 보내고 싶은 마음으로, 아쉽지만 번개처럼 날아가는 편지를 쓰려는 것이다.

(2002)

겨울나무 · 겨울바다

가을 단풍은 봄의 꽃보다 아름답다. 나무 잎들이 떠남을 준비하는 모습이기에 더더욱 눈부시다. 스스로 마음을 비우고 투명한 영혼으로 선다는 것이 저리도 아름다울 수 있을까? 바라보는 내 마음이 감동으로 떨리는데 나무는 예식이 끝난 신부처럼 주저로움도 아쉬움도 미련도 없이 그 옷을 벗는다. 자신을 감싸고 치장했던 잎들을 하나하나 발아래 내려놓고 나목으로 서서 속살을 드러낸다. 일 년 내내 지녀온 삶의 흔적을 털어내기가 그리 쉽지 않으련만 언제 그랬느냐 싶게 천연스러운 모습이다.

꿈 많은 날들의 부푼 가슴들로 푸르름이 넘치던 어제의 시간들, 때로는 그리움과 기다림으로, 또는 욕망과 기대로 엮어진 날들의 자취들을 아픔 없이 바람에 실어 보낼 수 있다니.

그렇게 떠나보낸 빈자리에 모성으로 남아 하늘에 기도하는 나무, 그런 겨울나무는 성자의 모습이다.

겨울 문턱에 서면 떨어진 단풍잎 하나 집어 들고 나도 겨울나무처럼 욕심 모두 털어내고 알몸으로 서 보고 싶다.

모두 떠난 겨울 바다는 쓸쓸하다. 외로움만을 안고 자신과 마주 서는 바다는 자신의 얼굴을 비춰보는 거울 같아 바라보면 바라볼수록 그 마음과 만나게 된다. 꿈으로 치닫던 여름의 정열이 한낮 물거품으로 와해되었을 그 고통과 아픔은 어디에 감추었는지 흔적도 없다.

나는 겨울 바다처럼 외로워지면 겨울 바다를 찾는다. 우리가 자신을 돌아올 수 있는 자리는 언제나 겨울 바다 같은 외로운 상태일 때다.

밀려온 파도는 또 밀고 오는 파도에 밀려 어느새 흔적도 없이 지워져가고. 내가 설 자리도 없어져 버린다는 사실을 깨닫게 하는 겨울바다는 그래서 바람조차 머물지 못한다.

하지만 텅 빈 겨울 바다에 서면 일몰이 눈부시다. 봄 바다의 일출은 가슴 설레는 기다림이지만 겨울바다의 일몰은 어둠 직전의 장엄함을 바라보게 하는 종언으로 다가온다. 그러나 일출의 바다와 일몰의 바다는 같은 모성의 빛으로 덮인다. 일출의 빛과 일몰의 빛이 하나의 모성의 빛이라면 태어난 곳과 돌아갈 곳이 하나의 모성의 품임을 깨닫게 한다. 바다에서 솟아 바다로 돌아가는 해를 품어 지니는 모성의 바다.

겨울 바다에서 일몰을 보고 있으면 모천으로 돌아오는 연어를 생각하게 된다. 자신이 태어난 모천, 연어는 태어나자 자궁을 벗어나듯 뒤도 돌아보지 않고 넓고 큰 세상으로 달려 나가 바다를 휘저으며 살아가지만 끝내 모천의 내음을 잊지 못하고 자손의 보금자리를 마련하게 될 때 자신이 태어난 모천을 기억하고 모천으로 돌아온다. 그리고 평생을 간직한 영혼의 집에 고달프고 지친 자신의 육신도 눕힌다. 마지막 쉼터인 어머니 가슴에 안기는 연어, 태어나 처음으로 세상을 내다본 그 가슴에 자신의 목숨으로 이어질 후손을 맡기며 그 품에서 잠드는 연어.

일출과 일몰이 한 바다의 품이듯, 연어가 태어나고 돌아가는 곳이 한 어머니 강줄기다. 태어나고 돌아가는 곳이 모성의 품임을 연어는 우리에게 기억하라 한다.

세상에 태어나는 것이 기쁘다면 돌아가는 것도 기뻐야 할 것이다. 봄의 꽃이 아름답다면 가을 단풍 또한 아름답다. 알에서 깨어나 대해를 향해 힘차게 헤엄쳐 나가는 연어의 모습이 아름답다면 모천으로 돌아와 알을 낳고 잠드는 연어는 아름다움 그 이상의 울림이다.

돌아갈 고향을 생각하는 사람은 어질다. 돌아갈 고향을 준비하는 사람은 더욱 어질다. 돌아갈 고향을 생가하며 마음을 비우는 사람, 마음을 비우되 단풍처럼 아름답게 노년을 가꾸는 사람은 눈부신 아름다움으로 예식을 앞에 둔 신부 같은 마음을 지닌 사람이다. 하지만 범속한 우리는 그런 귀향을 생각하는 것이 두려워, 나도 그런 자리에 선다는 것을 받아들이지 못한다. 일몰이 두려운 것은 곧 어둠이 세상을 덮는다는 사실 때문이고, 연어의 모천회귀는 돌아감을 극명하게 보여주는 진리이어서 더더욱 그렇다.

겨울 숲속에 서서 단풍잎 모두 떨어뜨리고 속살 드러내며 서 있는 겨울나무가 된다는 것은 또 얼마나 힘겨운 희망인가.

(2007)

보석사 은행나무

눈을 들어 은행나무를 우러른다. 은행나무를 대하고 있으면 다른 것은 아무 것도 보이지 않는다. 천여 년 한 곳에 뿌리내리고 한 곳의 바람과 안개를 마시며 변함없이 서 있는 은행나무. 그 앞에서는 다른 아무 것도 생각할 수 없다.

진악산이 무릎에 앉히고 사랑으로 어루만지며 키운 나무이기에 은행나무는 그 사랑을 내게 전한다. 부드러운 가슴에 안긴 평온함, 그의 시선이 내 영혼을 푸르게 어루만진다.

지금까지 이리 큰 은행나무를 본 일이 없다. 용문산 은행나무는 역시 노거목으로 신비하고 아름다우나 진악산 은행나무에 비교가 되지 않는다.

내 아름으로 열 아름은 넘을 듯한, 둘레에 높이 50m도 더 되어 보이는 큰 나무가 두 손을 들어 하늘을 잡고 있다. 푸르디 푸른 보석으로 성장하고 눈부신 햇살 아래 다소곳한 모습이 관세음보살의 모습이다. 어느 한 곳 상한 데 없이 깨끗이 뻗은 가지는 천수보살의 손만큼이나 아름답다. 자비로운 미소, 나는 옷깃을 여미고 합장을 한다.

은행나무는 내게 이미 나무가 아니다.

우리의 마음이며, 넋이며, 한이며, 고향이고, 모성이다.

은행나무는 50년 전 우리 민족 간의 싸움을 예고하며 울었다고 했다. 500년 전 왜구가 우리 땅을 짓밟고 달려들 임진왜란 때에도, 한 세기 전 일본이 한일합방으로 씹지도 않고 이 땅을 통으로 삼키려 할 때에도 우리를 대신해서 울었다고 했다. 한 치 앞도 내다보지 못하고 불행을 자초하는 어리석은 백성들이 얼마나 안타까웠으면 그토록 아파 울었을까?

그처럼 나무는 우리와 함께 이 땅에 뿌리내리고 한 인연으로 살아왔기에 우리를 걱정하고 보호하는 수호신이 되어 왔다. 하지만 우리에게는 아픔만의 역사가 아니다. 그 많고 많은 날, 평화롭고 성실하게 살아가는 모습에 나무는 미소를 머금기도 했으리라.

나무는 우리가 살아온 날을 소중하게 간직하며, 순박하고 어진 백성들 과거의 이야기를 전설처럼 오늘에 고스란히 전해 주는 서낭목이기도 하다.

은행나무는 두 그루가 마주 보아야 은행이 열린다는데 아무리 둘러보아도 다른 한 그루 은행나무는 보이지 않는다. 사람들은 이 나무가 16㎞ 떨어진 곳의 은행나무로 해서 가을이면 많은 열매를 수확한다고 생각하나 보다. 그래서 그 열매로 그 곳의 은행나무와 연결하는 은행나무 길을 열어가려고 한단다.

그리움의 먼 하늘가, 다가갈 수 없는 곳에 그리운 이가 있어 애절한 사랑에 가슴 태우며, 그리움만으로 사랑의 열매를 맺는 은행나무의 마음을 기려, 그 열매로 끊임없이 사랑의 징검다리를 놓으려는 은행나무 심기의 따뜻한 사랑이야기는, 보이는 것만을 추구하는 우리 사랑의 의미를 되돌아보게 한다.

지금 은행나무는 6월 푸른 별들의 바다로 내게 온다.

봄, 여름, 가을, 겨울 자신의 모습을 바꾸며 삶과 죽음을 넘나들며 반복하기를 천여 번. 다시 봄으로 부활할 수 없는 내 겨울의 시간을 그의 뿌리에 묻고 싶다. 그래서 봄 은행나무에 한 잎 푸른 별로 부활할 수 있다면, 저 은행나무에 둥지를 틀고 푸른 별이 된 다른 많은 별들과 어우러져 영생목의 한 가지로 〈너도 은행나무〉로 설 수 있다면 기꺼이 내 영혼을 그대 겨울에 바치고 싶다.

'사람아, 나를 보아라. 내 말을 들어라.

나는 보석사 은행나무다. 이 땅에 선 하늘이다.

하늘은 머리 위가 아니라 내가 서 있는 모든 공간 너와 나의 가슴에도 채워져 있으니, 너는 내 하늘이니 내 마음이니라.'

어느 신령한 음성이 말씀을 내게 전한다.

나는 한참을 은행나무 앞에 섰다 떠난다. 다시 보고 싶어질 은행나무다.

(2004)

소소초蘇蘇草

옥문관玉門關을 향해 가는 버스는 길도 없는 고비(Gobi 황무지라는 몽고어)를 길처럼 달려갔다. 옥문관은 옛날에 양관과 더불어 중국 실크로드에서 서역으로 통하는 중요한 관문이었다. 그래서 한나라 때부터 이름 있는 싸움터이기도 했다.

사막이 마치 잘 다듬어진 벌판처럼 끝없이 펼쳐져 있었다. 산도 없고, 사람 사는 집도 없고, 길도 없고 방향조차 알 수 없는 그저 끝없이 펼쳐진 광막한 황무지, 나침반에 의존해야 할 것 같은, 언젠가 지나간 듯한 옅은 차바퀴의 흔적을 따라 길처럼 차는 이리저리 잘도 달린다.

하늘은 구름 한 점 없이 쪽빛으로 푸르다. 바람도 없다. 내리 쬐는 오후의 햇볕만 투명하게 쏟아져 내릴 뿐이다. 몇 시간을 달려도 만나는 차 하나 없이 변함없는 창밖의 황토 빛 황무지만 바라보는 단조로운 풍경에 지쳐버릴 때쯤 아득한 지평선에 짙푸른 호수가 선명하게 떠올라 황토색 지평선을 해안으로 바꾸어놓았다. 사막에 나타나는 신기루일까? 나는 신기루라고 믿어지지 않았다. 분명 그곳은 호수일 것 같았다. 천산 산맥에서 흘러내린 물이 지상에 모여진 호수라고 믿고 싶었다. 신기루는 나무와 숲이나 샘이 보이는 작은 환상이 앞에 펼쳐지는 것으로 상상해 왔기 때문에 신기루 같지 않았다. 저렇게 지평선 전부를 차지하고 너무도 선명하게 쪽빛으로 다가오는 광대한 물빛이란 신기루일 수가 없을 것 같았다. 차는 그쪽을 향해 달리니 곧 짙푸른 호수와 만날 것이다. 사막 가운데에서 물이 담긴 호수를 만날 수 있다고 생각하니 갑자기 호기심으로 가슴까지 뛰었다. 그러나 그 호수는 다가간 만큼 뒤로 물러서서 그만큼의 위치에서 손짓하고 있었다. 믿을 수 없는 정말 신기루였다. 나는 그 신기루에 넋을 잃고 말았다. 한여름 차를 운전할 때면 아스팔트 위에 물이 부어져 있는 것 같은 것을 자주 본다. 그 자리에 이르면 물은 흔적도 없다. 그와 같은 현상일 것이다. 그러나 그 거대한 푸른 호수는 무엇에 연유한 것일까? 눈이 다 시원해지도록 지평선을 덮는 그 큰 호수의 모습은….

예전에 낙타를 몰며 몇 날 며칠을 사막에서 헤매던 나그네가 저 호수를 보았다면 기쁨에 넘쳐 환호하며 호수를 향해 그대로 달려갔을 것이다. 신기루라 하기엔 그 유혹이 너무나 강렬하여 뿌리치기가 그리 쉽지 않았을 것이다. 그러나 그곳에 이르면 홀연히 사라지는 물의 그림자, 그때 느끼는 절망은 어떠했을까? 끝내 길을 잃고 영영 사막에서 벗어나지 못하는 방황의 고통을 더 크게 안겨주는 신기루. 그런 생각을 하면서 황홀한 유혹에 빠져 지루함조차 잊었다.

차는 허허벌판에 진흙 한 덩이로 탑처럼 남아 있는 옥문관에서 멎었다. 황량한 벌판에 홀로 우뚝한 옥문관은 몇 천 년 전의 국경지대 초소의 흔적을 드러내고 있었다. 그 옛날 군사들로 넘쳐 났을 것에 짐작이 갔다. 그 날에도 이곳은 지금처럼 사막이었을 것이지만 그때는 수백의 군사가 주둔하는 군사요지여서 제법 사람들의 모습으로 흥청거렸을 것 같았다.

> 고독한 성이 멀리 바라보이는 옥문관
> 누런 흙모래에서 백 번 싸우고
> 놋쇠갑옷을 뚫었어도
> 누란을 격파하지 않고는
> 결코 돌아가지 않으리.

당나라의 시인 왕창령王昌齡은 〈누란 정복〉이란 시를 옥문관에서 이렇게 읊었다.

고향을 떠나 변방에서 나라를 지키던 병사들은 불모의 사막에서 가족들을 그리워하며 외롭고 고달픈 전쟁의 날들을 보냈을 것이고, 고향의 아낙들은 수자리로 떠난 임의 소재지로 옥문관을 남편이 머무는 곳으로 그리움을 보냈을 것이다.

옥문관을 둘러보고 봉화대로 오르는 길에 진흙으로 쌓은 만리장성의 한 가닥이 풍화에 녹아내려 작은 언덕으로 낮게 누워 있고, 그 언저리로는 바람이 만든 작은 모래언덕에 소소초(경단초라고도 함)가 군데군데 자라고 있었다. 일명 낙타풀이라고도 하는 이 풀은 낙타가 즐겨 먹는 풀이라서 낙타풀이라고도 한다.

낙타풀은 검불처럼 물기가 없어 보이는 가시투성이의 낮은 덤불 식물이다. 잎은 거의 없고 가시가 돋은 가지들이 서로 어우러진 모습이다. 낙타는 이 풀을 먹으면서 입안이 온통 피투성이가 된다는데 낙타가 즐겨 먹는 풀이라기보다 얼마나 뜯어먹을 풀이 없으면 피를 흘리면서까지 그 풀이라도 먹을 수밖에 없는지 사막의 낙타풀을 바라보며 가슴이 뭉클해졌다. 나는 소소초를 뜯어본다. 가시에 찔리기만 할 뿐 질긴 줄기가 끊어지지 않는다.

봉화대 옆에 쌓아 두었던 갈대며 짚이며 불꽃을 피워 연기를 내던 풀들이 2000년 세월에 화석이 되어 누워 있다. 풀도 사막에서는 세월을 입으면 돌이 될 수 있음을 실감한다. 나는 돌이 된 갈대를 어루만지며 풍화한다는 것, 썩는다는 것이 얼마나 고마운 신의 은총인가를 생각한다. 모든 것은 흙에서 생명을 얻었으니 흙으로 돌아가 흙이 되어야 한다는 것도 흙과 더불어 물이 있기에 가능한 일이다. 물이 없는 곳에는 흙이 아닌 돌이 된다. 옥문관이 옛 모습으로 서 있을 수 있음도 돌이 되어 가는 과정 때문이리라.

텅 빈 망루, 옥문관을 답사하고 돌아가는 길에 그 신기루와 또 만났다. 지표면이 열을 받은 한낮이라 신기루는 더 나타나는 것 같았다.

사람이 산다는 것은 무엇일까? 저와 같은 신기루를 쫓아 끝없는 방황을 마지않는 것이 삶이 아닌지? 소소초처럼 가시범벅인 생활이란 먹이를 향해 피투성이가 되면서 황량한 사막한 뼘조차 내어줄 수 없는 욕심으로 우리는 마음을 돌덩이처럼 굳히며 살아가고 있는 것은 아닌지?

나는 옥문관을 벗어나면서 물기를 잃어 가는 우리 삶의 여정을 생각해 보았다.

(2002)

걸인의 외투
어부의 섬
태교와 민속
세 여인
감사합니다
조각보
팽이

걸인의 외투

늘 들고 다니던 백(handbag)을 다른 것으로 바꿔들고 나가려고 백 속에 있는 것을 쏟아 놓으니 스스로도 놀랄 만큼 많은 것들이 나온다. 조그만 백에서 어찌 그리 많은 것들이 담겨 있었는지. 그래서 '어깨가 무거웠지' 생각하면서 들고 나갈 다른 백에 가능한 한 필요한 것만 담으려고 고른다.

돈지갑, 수첩, 필기구, 버스카드, 손수건, 콤팩트, 립스틱, 도장, 통장, 열쇠, 묵주, 돋보기 등을 담는다. 돈지갑에는 신분증, 신용카드, 동전 등이 무게를 만들어 묵직하고, 휴대폰도 넣고, 강의에 필요한 책도 두 권 넣고, 그러고 보니 쏟아놓은 물건에다 더 많은 물건을 담는 형상이다. 줄이려다 더 늘어난 가방을 어깨에 걸치고 나가려니 내가 짐꾼이 된 기분이다. 매일 들고 다니는 물건이 이리 무겁다니. 새삼 삶의 무게라는 생각이 든다.

1984년 상연된 배창호 감독의 〈고래사냥〉이란 영화가 있었다. 주인공 병태는 짝사랑하던 여인에게 차이고 실연으로 방황하다 자칭 도사라는 거지(안성기 분)를 만나 두 사람이 어울려 한 창녀를 구출해내는 이야기인데, 거지가 입은 외투 안자락에는 온갖 도구가 줄레줄레 매달려 있는데, 소용될 때마다 꺼내어 사용하고는 다시 찬장이나 선반에 얹듯 옷에 매다는 것이다. 그 장면이 떠오른다. 〈고래사냥〉의 거지 옷 속에 매달린 물건의 무게가 그에게는 일상에서 꼭 필요한 무게였을 것이고 그 무게를 무게로 생각하지 않기에 그리 많은 물건들을 매달고 다녔을 것이다. 내 백의 무게와 거지 옷 속에 매달린 물건의 무게와 무엇이 다를까?

우리가 살아가면서 매일 몸에 지니고 다니는 무게는 사람마다 다를 수 있지만 매일 자신의 필요한 무게만큼 지니고 다닌다.

겨울이면 몸에 걸치는 옷이 한 짐이다. 두꺼운 옷을 입고도 옷 위에 코트에 모자에 겨울구두까지 신고 보면 여름보다 훨씬 무겁다. 그런데 우리는 무게를 느끼지 못한다. 여름에 거의 벗다시피 한 경우와 차이를 느끼지 못한다. 의도적으로 느낀다면 겨울이 훨씬 무거울 것이지만.

우리 할아버지 한복 조끼주머니에는 담배쌈지와 부시쌈지, 그리고 허리춤에 매달린 복주머니와 돋보기 통이 언제나 지녀져 있었다. 거기에 긴 담뱃대와 지팡이까지 들고 다니시는 것이 예사였다. 부시와 부싯돌 부싯깃이 담긴 주머니가 무거

우셨을 터인데, 방에는 언제나 화로에 불이 담겨 있었는데도 그 것과는 별개로 생각하시는지 담배를 피우시려면 부시로 불을 일궈 담배에 불이 붙으면 다시 부시와 부싯돌과 부싯깃을 쌈지에 담아 조끼주머니에 넣으셨다.

아버지 세대에 멋쟁이셨던 우리 아버지는 양복을 입고 사신 신사였는데 그 양복들에는 주머니가 많았다. 그 많은 주머니들은 다 소용이 되게 만들어져서 시계주머니(회중시계) 도장주머니, 명함주머니가 다 각각 자리하고 있었다. 그 양복주머니들은 할아버지 조끼주머니처럼 단순하지가 않았다.

구두를 신을 때 쓰는 구두주걱, 돈지갑, 도장, 담뱃갑(담배를 담은 케이스), 담배 물뿌리, 라이터, 만년필, 수첩, 명함, 그리고 은단갑, 손수건에 서류를 넣는 주머니까지. 그 많은 물건들을 넣은 옷을 입고 쇠징을 박은 구두를 신고 모자에 단장까지 짚고 다녔다.

반세기가 지난 지금 남자들은 캐주얼한 차림에 주머니에 담배나 라이터를 넣던 자리에 휴대폰을 넣고 여자들의 백처럼 노트북컴퓨터를 들고 다닌다.

요즘 새로 나온 수첩에는 전화번호부가 없어졌다. 휴대폰 속에 모두 입력되어 전화번호부를 별로 필요로 하지 않아서이다. 책장의 책도 특히나 백과사전도 소용없는 장식품이 되고 말았다. 인터넷으로 검색하면 모두 가르쳐주기 때문이다. 가능하면 세상 소용되는 것을 모두 지니는 것이 아니라 기계 속에 저장해서 그 하나만을 지니고 다니는 세상이 되었다. 마치 알라딘의 램프처럼 기계를 열고 요구만 하면 여기서 뚝딱 저기서 뚝딱 원하는 것이 날아오는 세상이 되었다.

얼마 전만 해도 가족들이 아파트열쇠를 하나씩 복사해가지고 가지고 다니고, 어린이는 목걸이처럼 목에 걸고 다녔는데 지금은 그 열쇠조차 없어졌다. 비밀번호만 누르면 문이 열리는 자물쇠 장치를 해서다. 그래서도 요즘 사람들은 주머니도 백도 가벼워져 있을 것 같은데 의외로 더 무겁게 느껴온다.

전과 달리 집을 비우는 경우가 많은 아파트 주부들은 백 속에 통장이며 귀중품이며 분실가능성이 있는 것을 넣고 들고 다닌다고 한다. 집을 못 믿고 들고 다니는 그 백의 무게는 집을 통째로 담아가지고 다니는 셈이다. 그 집을 혹 소매치기라도 당할까 전전긍긍하면서, 거기에 가족들의 무사귀환을 매일매일 점검하면서 마음의 무게까지 지고 다닌다. 그 무게가 어찌 생활필수품에 비교나 될까? 그래서 몸에 지닌 물건이 적어진 반면 마음의 무게가 더 크게 어깨를 눌러오는 것이다.

어찌 생각하면 우리는 삶이라는 일상의 무게를 지고 다니는 짐꾼임에는 틀림이 없다. 부양가족과 질병과 생활고와 직장과 어느 것 하나 벗어던질 수 없는 짐을 언제나 매달고 살아가는 짐꾼이다.

일상의 돌을 밀어 올리는 시지프스처럼 그 노역에서 벗어난다는 것은 이미 삶이 아닌 것인지도 모른다. 그러니 어쩌랴.

그 짐의 무게를 내 것으로 수용할밖에. 〈고래사냥〉의 걸인은 자신의 코트 무게는 잊어버리고 남을 위한 삶에 모험과 기쁨을 누리며 행복해지고 있지 않은가. 그것이 삶의 무게를 잊어버리는 정답일지 모른다.

오늘도 나는 걸인의 외투처럼 묵직한 백을 어깨에 메고 나가면서 일상의 무게를 행복을 찾는 열쇠로 바꾸는 기쁨을 누려 보려 한다.

(2008)

어부의 섬

어부는 어둠을 가르며 바다를 흔들어 깨웠다. 해가 돋기 전에 출항하는 배는 언제나 바다의 잠을 깨운다. 꿈에 잠겨 눈뜨지 않은 침묵의 바다는 어둠 속의 동굴이 되어 어부를 삼키고, 바다의 태반 속으로 들어가 떠오르는 해와 함께 다시 태어난 어부는 비로소 그물을 던진다. 금맥을 찾아가는 외로운 배 하나. 어부는 열려진 바다를 향해 대를 잡고 주문을 외우며 하루를 연다.

그 시작엔 욕심이 가득하다. 주저하면서 망설이면서 때로는 확신을 가지고, 마음을 던진다. 만선을 꿈꾸는 것은 어부만이 누릴 수 있는 유일한 기쁨이다. 그 기쁨이 있어 어부는 새벽 만신이 되어 굿판을 벌인다. 하지만 하루의 시작은 욕심만으로 되는 것은 아니다. 바다의 마음을 읽어야 한다. 바다는 좀처럼 마음을 열지 않지만 어르고 달래며 스스로 바다의 마음이 되어야 한다. 운도 따라야 한다. 운은 자기의 능력으로는 얻어지는 것이 아니다. 어부는 그것을 알기에 욕심을 감춘다. 바다를 주관하는 자, 나를 주관하는 자에 의지해야 한다. 어부는 그런 신앙으로 그물을 던진다.

바다의 심장 소리는 언제나 거칠다. 달리기 선수의 심장 소리 같다. 그 소리에 귀를 기울이면 희망이 보인다. 만선으로 돌아오는 배. 돈을 벌면 더 큰 배를 사리라. 아니 배를 타지 않으리라. 힘든 어부생활보다 나은 생활을 가져봐야지. 그러나 잡어 몇 마리로 그물을 걷어 올렸을 때는 그 좌절과 절망으로 어부 됨이 후회스럽다. 다시는 바다로 나가지 않으리라. 그러면서 그 절망에 저항이라도 하듯 마지막 도전처럼 다시 바다로 뛰어들어 그물을 던지고, 그렇게 스스로를 바다에 던져 자신의 삶을 건져 올린다.

늙은 어부는 해변에서 상처 입은 그물을 고치며 바다의 하루를 그렇게 풀어 이야기했다

"바다는 내 둥지였어, 내 모든 것을 움켜쥐고 내어주지 않았어. 내가 잡으려고 한 것은 고기가 아니라 그물에 묶여있는 나였으니까."

그는 해거름으로 붉게 물들어가는 바다를 바라보다가 그물을 깁던 자리에서 일어나 바다를 향해 걸음을 옮겼다. 해는 모성의 품으로 돌아가고 어둠이 빛을 삼키는 동안 해 넘어가기

전에 기도를 바치려는 구도자처럼 그렇게 서 있었다. 어둠 속에서 섬 하나가 파도를 타고 밀려오고 있었다.

일몰과 함께 지워져 가는 작은 섬, 그 섬은 아낙의 흰 치맛자락을 펄럭거리며 바다 속으로 빠져들고 있었다.

'저 섬에 그물을 던졌어야 했는데, 바다에 나를 묻어야 하는 건데 ….'

그는 무슨 말인가 더 중얼거렸는데 파도가 그의 말을 삼켜 버렸다.

내가 이 섬에 처음 왔을 때 해변에서 만난 소년이 내게 들려준 전설 같은 이야기를 한으로 뱉어내고 있는 것 같았다.

굴이 많은 무인도인 그 섬으로 아낙네들이 썰물 때를 맞춰 굴을 따러 갔다. 굴 따기에 정신이 없던 아낙들은 묶어 논 배가 밀물에 흘러가버린 것을 알지 못한 채 굴 따기에 정신이 팔려 있었다. 이 굴을 팔아 지폐 한 장이라도 주머니에 넣고 싶어 거염스레 굴만 땄다. 돌아갈 시간이 되었음을 느끼고 고개를 들었을 땐 그들을 실어갈 배는 어디에서도 보이지 않고 이미 섬이 물에 잠겨가고 있을 때였다.

그 뒤 굴 섬은 포구를 향해 다가오는 상여바위가 되었다. 그 비극의 섬을 어부들은 가슴에서 내려놓지 못하고 살아간다고 했다.

바다는 길게 눕더니 해변에 쓰여 있는 내 이름을 자신의 품으로 가져갔다. 모래위에 욕망도 깨끗이 지워버린 뒤 바다로 내려앉는 해도 그렇게 삼키고 있었다. 어부는 말없이 그런 바다를 지켜보았다.

지금 낯선 바닷가에 서서 40년 전 남산포 부두에서 만난 그 어부를 생각한다. 그리고 물 때에 따라 태어나고 죽어가던 섬도 생각했다. 삶을 캐고 있는 동안 죽음은 다가와 등을 두드리고, 너울너울 길 떠나던 어머니조차 건져 올리지 못한 어부는 그 바다에서 무엇을 건져 올릴 수 있었을까?

그때 그의 그물에는 절망과 회한조차 담겨 있지 않은 빈 그물이었음을 이제야 헤아려 보는 것이다.

나도 일상의 바다에 매일매일 그물을 던지며 살고 있다.

내가 드리운 그물에 얼마나 대어가 낚였는지, 얼마나 만선의 기쁨을 누려왔는지 아니면 빈 그물로 절망하며 좌절했는지 지금도 셈을 하지 못한다.

하지만 이제는 그것이 대단한 것이라는 생각을 하지 않는다.

일출의 바다와 일몰의 바다 빛은 같은 빛으로 아름답다. 바다에서 그것을 건지면 또 무엇을 건질 것인가.

모래 위에 다시 내 이름을 써본다. 파도는 밀려와 이내 이름을 지울 것이지만.

누구인들 세상 바다에 그물을 던지는 어부가 아니랴.

언제나 빈 그물이라 해도 새벽의 바다는 해를 깨우며 어부의 그물치기를 지켜볼 것이다.

(2005)

태교와 민속

한 생명이 태어난다는 것, 그것은 인간의 힘으로. 마음대로 되지 않는 가장 신비하고, 아름답고, 위대한 일이다. 여인은 아기를 낳음으로서 어머니가 된다. 그런 어머니의 자격을 부여받기 위하여 아기를 임신한 여인은 자신의 마음가짐과 언행이 태아에게 중요한 영향을 미친다는 생각으로 임신 중에는 심리적 정서적인 안정을 위해 신중하고 각별하게 조심하고 행동한다.

자신들이 지니지 못한 현세에서의 여러 능력을 태어나는 아기가 지니고 나와서 출중한 인물이 되어주기를 바라는 마음은 어느 부모나 같을 것이다. 그래서 명문가로서의 대를 잇고, 가문을 빛낼 후손으로 자신의 자녀가 태어나기를 바란다.

예로부터 훌륭한 자손을 얻으려는 부모의 욕망은 태몽이나 삼신할미와 같은 민속 신앙을 발전시켰고, 임부는 물론 측근들까지도 정성을 다하여 태아에게 좋은 영향을 준다는 태교에 마음을 썼다.

임신은 임부의 몸에 어떤 이상 징후가 나타나기 전에는 알 수가 없으므로 태몽이라는 미지의 연결고리로, 불안하고 초조한 마음을 달래고 임신을 확인하려 했다. 그때 꾸게 되는 꿈이 태몽인데 태몽을 통해 장차 태어날 아기의 성별과 인물됨을 예시로 받게 된다고 믿었다.

태몽은 아기를 밴 여인만이 꾸는 것이 아니라 그의 지아비, 부모, 또는 타인에게도 꿈으로 나타나서 꾸게 되는 경우도 있다.

삼국사기와 삼국유사에 보면 태몽의 이야기가 많이 나오는데, 태몽에 별, 용, 봉황 등이 나타나면 위대한 인물의 탄생을 예고하는 것으로 전해지고 있다.

꿈에 별 하나가 흘연히 떨어져 품에 들어와 임신하여 낳은 아이가 지장율사이고, 유성이 품속에 들어오는 꿈을 꾸고 출산한 아들이 원효대사다. 김유신은 그의 아버지가 화성과 토성이 자기에게 떨어지는 꿈을 꾸었다고 한다.

조선시대 이율곡의 어머니 사임당 신씨도 신용이 침실에 드는 태몽을 꾸고 율곡을 낳았는데 그 태몽의 이야기로, 지금도 강릉 오죽헌에 몽룡실夢龍室이 남아 있다.

지금도 별이나 용, 봉황이 임산부나 그 지아비 또는 부모에 꿈에 나타나면 영재를 낳고, 그 아이는 지혜가 출중하며 크게 출세한다고 하여 상서로운 태몽으로 간주한다. 또, 금, 은 술잔이나 기물을 보면 아들을 임신을 한다든가 옥띠를 주우면 귀한 아들을 낳는다고 믿고, 금비녀를 보거나 아내가 비단 옷을 입으면 아들을 낳는 태몽이라고도 한다. 또, 꿈에 오이, 가지, 참외, 뱀, 학, 소, 말, 거북 등도 아들을 의미하는 태몽으로 본다.

조선 시대의 태몽 100여 종 가운데 대부분은 아들을 얻으려는데 국한되고 있어서, 한국의 태몽풍속은 아들을 얻으려는 여성들이 바라는 꿈의 종류라고 보아도 과언이 아니다. 연꽃을 받는 꿈, 앵도를 얻는 꿈, 복숭아를 받는 꿈 등 여자의 태몽이 없는 것은 아니었으나. 여아를 낳을 때는 별로 의미를 부여하려 하지 않았고, 아들을 얻고 싶은 여인의 간절한 바람이 여아를 낳고 싶은 바람보다 컸기에 태몽으로라도 아들을 점쳐보고 싶어서일 것이다.

또, 임신은 삼신할미의 점지에 따르는 것이라는 민속신앙이 있는데, 원래 삼신이란 상고시대에 우리나라를 개국했다는 삼신 곧 환인, 환웅, 환검(단군)을 뜻하는 것으로, 하느님의 아들 환웅이 하늘에서 내려와 웅녀와 결혼하여 단군을 낳았다는 삼국유사의 단군신화와 연관이 있다. 삼신은 국가의 탄생이라는 국조신화에서 삼신할머니로 민속신앙으로 발전하면서 인간의 탄생을 점지하는 신령으로 바뀌어 민간에서 섬겨진 것으로 본다.

민속신앙에 따르면, 옥황상제의 명을 받아 인간세상에서 아기의 많고 적음과 있고 없음 그리고 해산을 주관하는 임무를 맡은 신이 삼신, 산신産神이라고 한다. 그 신은 아기의 탄생뿐 아니라 아기가 15세에 이르도록 양육을 맡는다고 믿었다.

아기의 운명은 삼신이 주관하므로 아기가 태어나면 우선 금줄을 치고, 마련해 두었던 미역으로 해산국을 끓여 밥과 함께 아기가 태어나게 해 주신 삼신할머니에게 올린다. 아기는 훌륭히 자라고, 산모는 조속히 회복하고, 다음 잉태가 무사하기를 바라는 것이다. 삼신제는 대개 아기가 태어나면 하는데 초이레, 두이레, 세이레와 하루 세 번 비손을 하며 백일과 돌날에도 제의를 행한다. 제물은 대개 밥과 미역국, 지역에 따라서는 깨끗한 물 한 그릇을 떠놓기도 하는데 백일이나 돌에는 상을 차리고 떡을 놓기도 한다. 갓 태어난 아기의 궁둥이에 파란 몽고반점이 있는데, 이것은 삼신할머니가 세상에 빨리 나가라고 엉덩이를 손바닥으로 때려서 생긴 것이라고 한다. 젖이 적을 때나 아기가 아플 때에도 삼신할머니에게 빌어 부정을 풀었다.

지금도 이런 민속은 우리 생활 속에 남아 있다. 하지만 산모는 그런 태몽과 삼신할머니를 믿는 것보다 더 중요한 현실적인 몸가짐과 마음가짐인 태교에 힘써야 훌륭한 아기가 태어남을 안다.

태교는 임신한 여인이 10달 동안 뱃속의 아기를 훌륭하게 키우려는 뱃속 아기에 대한 교육을 이르는데, 우리에게는 예로부터 많은 태교가 전해지고 있다.

고려 때에는 ≪태중훈문胎中訓文≫이란 태교의 인문서가 있었고, ≪태교신기胎教新記≫라는 태교의 집대성한 책이 나와서 임신, 출산, 육아, 교육전반에 걸쳐 어머니의 역할의 중요성과 어머니 못지않게 아버지의 역할도 중요함을 기록하고 있다.

≪태교신기≫는 조선후기에 태어난 사주당 이씨의 작품으로, 동양에서는 물론 세계 최초로 태교에 관한 사항만을 서술한 책이다. 사주당 이씨는 조선시대의 유명한 실학자 유희의 어머니로, 1남 3녀를 낳았다. 그녀는 자신의 태교 경험과 풍부한 학식을 바탕으로 1803년 조선조 순조 때에 아들과 함께 이 책을 썼다고 하는데, 이 책은 1966년에 한글로 해석되어 우리에게 읽히고 있으나, 일본에서는 이미 1932년에 일본어로 번역되어 많은 임신부에게 도움을 준 책이라고 한다.

태교신기의 첫 장에,

> 아비가 낳는 것과 어미가 기르는 것, 스승이 가르치는 세 가지가 합하여야
> 완전한 사람을 만들 수 있는데, 최선의 방법은 의원이 병자를 치료함과 같아서
> 명의는 병들기 전에 치료(예방)하는 지라. 생육도 역시 아기 낳기 전에 가르칠지니
> 그러므로 스승이 십년을 잘 가르쳐도 어미가 열 달을 뱃속에서 잘 가르침만 못하고
> 어미가 열 달을 뱃속에서 가르침이 아비가 하룻밤 부부 교합할 때 정심正心함만 못하니라.

이와 같이 태교의 중요성을 기록하고 있다.

중국 ≪예기禮記≫에 소나무에 참 마음이 있어서 사철 그

잎을 갈지 않고 겨울이 지나서야 낡은 잎을 털어버릴 뿐이니 소나무는 노군자老君子라 칭송하고 있는데, 그런 소나무를 바라보며 마음을 닦는 솔바람태교도 있다. 임신부가 소나무 아래 정좌하여 솔잎을 가르는 장엄한 바람소리를 온몸으로 맞아 밉고 고운 정이며 시기와 증오 원한 등 모든 앙금을 가라앉히고 솔바람 소리를 태아에게 들려주면 도량이 넓고 훌륭한 인물로 기를 수 있다고 했다. 그래서 조선시대 민화, 청화백자, 화각장식에는 십장생으로 소나무가 많이 그려지고 있다.

요즘 사람들도 임신을 하면 10개월 동안 뱃속의 아기를 위하여 태교에 힘쓰는 모습을 볼 수 있다.

태교음악이라고 해서, 아름다운 음악을 임산부가 듣고 마음의 평화와 안정된 정서로 생활하게 하려는 음악태교다. 또, 동화책을 읽어주기도 하고, 아기와의 대화를 시도한다. 뱃속의 아기에게 태어난 아기처럼 대해주는 것이다. 아름다운 자연 속에서 자연과 교류하고, 술 담배, 커피, 약 등을 삼가며 정성을 쏟는다.

눈으로는 나쁜 것을 보지 않고, 귀로는 음탕한 소리를 듣지 않으며, 임부는 깨진 그릇에 음식을 담아먹지 않고, 과일은 벌레 먹지 않고 반듯한 것으로 잘 깎아먹고, 바른 자리에 단정하게 앉으며, 늘 선한 생각을 하고, 남을 미워하지 않는다는 등의 바른 몸가짐의 태교는 임산부들의 복음서가 됨은 당연한 일이다.

(2005)

세 여인

헝가리 부다페스트에서 약 20㎞ 떨어진, 다뉴브강이 굽어보이는 언덕 위에는 쎈펜드레라는 예술인의 마을이 있다. 14C 터키의 침략을 피해 세르비아인들이 이곳으로 이주하여 살기 시작했고, 그들 집시들의 고향이었는데 지금은 예술인들이 모여 사는 도시가 되었다.

그곳에 도예가 꼬바치 마르기트(1901~1977)의 도예박물관이 있다. 평생 독신으로, 홀어머니를 모시고 외롭게 살다간 마르기트 여인의 생가이기도 한 그곳에 그녀의 작품만 수백 점이 전시되었는데, 작품 대부분이 그곳 사람들의 일상생활이 소재가 된 아주 평범하고 일상적인 삶을 담아 낸 작품들이다.

쎈텐드레 마을의 가난한 농부로 일하는 아낙네들이며, 젖을 먹이고, 양 팔에 두 자녀를 끼고 먼 곳을 바라보는 아낙이며,

마지막 빵 한 개를 들고 시름에 잠겨있는 농부의 아낙네며, 고독하게 홀로 서 있는 여인, 등 여인을 소재로 한 작품들이 많은데 그 중 가장 인상에 남는 것은, 한 자리에서 각기 다른 모습을 하고 서 있는 '세 여인'과 서로 얼싸안고 비탄에 빠져 있는 '두 여인'의 작품이다.

'세 여인'은 운명을 거역할 수 없는 인간의 일생의 과정을 보여주는 작품이다.

머리를 땋아 늘이고 꿈 많고 호기심 어린 눈빛으로 세상을 보는 어린 소녀, 그녀의 손에는 크로토의 운명의 실꾸리가 들려져 있다. 그 옆에는 우아하고 품위 있게 성장하고, 삶의 성숙기에 있는 중년의 여인이 아름다운 포즈로 서 있고, 그리고 어둡고 메마르고 지친 모습으로 중년의 여인을 곁눈질하며 아트로포스의 가위를 들고 서 있는 노인의 모습이 나란히 담긴 작품이다. 그 작품은 그리스신화의 '운명의 세 여신'을 패러디한 작품 같다.

우리에게 생명을 주는 크로토의 여신은 운명의 물레를 돌리고 있고, 우리의 미래를 나누어 주는 라케시스 여신은 운명의 실로 베를 짜듯 운명을 짜고, 그리고 마지막에는 거역할 수 없는 여신 아트로포스가 가위를 들고 운명의 실을 자르는 것이 운명의 세 여신의 임무다. 그녀의 가위질에 모든 운명은 종말을 맞는다. 그것을 너무나 감각적으로 느낄 수 있도록 극명하게 표현해내고 있다. 세 여인의 얼굴에서 시간이 흘러가는 것이 보인다.

'두 여인'은 모녀가 서로 껴안고 마주 보는 입상으로, 외롭게 살아간 작가 자신의 일생을 담아낸 것 같은 느낌을 주는 작품이다. 서로 얼싸안고 비탄에 빠져 있는 모녀상은 더할 수 없는 슬픔과 외로움이 묻어나, 그들 모녀의 삶을 보는 것 같아 가슴이 아팠다. 외계와는 단절된 삶 속에서 덧없이 늙어가는 자신의 모습을 어머니라는 거울에 비춰보며 스스로 늙어감을 서러워하고, 그런 딸을 위로하지 못하는 어미의 안타까운 마음이 절절하게 배어나온다.

세 여인의 입상을 압축한 모습 같다.

우리도 어느 날, 무심히 바라본 거울 속 자신의 모습이 새삼스레 낯설게 마주치는 경우가 있다. 자신의 모습이 아닌 어머니 모습 또는 할머니 모습이 거울 속에서 자신을 마주 보고 있는 것 같은 착각에 빠질 때, 그때 느끼는 절망감, 허망하고 덧없음에 가슴 시리고, 나는 어디에도 없는 것 같은 놀라움과 당혹감이 문득 자신을 외롭게 만든다.

언제나 자신의 손을 잡고 다니던 아들이 어느 날 새로운 한 여인의 손을 잡고 다니는 모습을 보게 될 때, 자신이 매달려왔던 남편이 갑자기 먼 곳의 사람으로 느껴 올 때, 재물도 건강도 삶조차도 잃어가는 자신의 둘레사람들과 만날 때, 지금까지 자신이 매달려온 정체성이 무엇인가 새삼 회의를 가지게 된다.

사람들은 저마다 열어보면 안 되는, 시간이라는 판도라의 상자를 하나씩 지니고 살아간다. 자기만의 비밀통로, 말로 다 할 수 없는 온갖 갈등과 위기와 절망에서도 위로받고 안주할 수 있는 단 하나의 상자, 그 상자는 자신에게 언제나 최면을 걸어 암호화된 주문을 외우며 희망과 기대를 저버리지 않게 한다. 나는 결코 시간을 입은 모습으로 살고 있지 않다고. 그러나 어느 날, 문득 그 상자를 열어보게 되었을 때, 시간의 물레는 돌고 있어서 문득 젊음의 보석은 간 곳이 없고 늙은 자신의 모습만을 보여주었을 때, 우리는 갑자기 모든 것을 잃은 슬픔에 빠지게 된다.

우리는 늙고 힘없는 자신과 만나는 그런 현실이 낯설고 받아들이기 힘든 것이다. 삶이 자신을 변화시킨다는 것을 알면서도 인정하고 싶지 않은 아픔, 그런 현실을 받아들이기를 거부한다.

이 두 도예 입상은 그런 인간의 모순된 모습을 우리에게 분명하게 보여주고 있다.

세상을 살아가면서 결코 얻어 누릴 수 없는 부러움은 젊음이다. 아무리 화장을 하고 주름수술을 하고 젊음을 지닌 척해도 젊음은 이미 지나간 시간 저편의 것이다. 무엇으로도 바꿀 수 없는 삶의 빛나는 진주, 어떤 재화로도 구할 수 없는 값진 것이 젊음이다. 진시황제가 자신의 권력을 동원해서 전 세계에 사람을 풀어 젊음을 유지할 수 있는 명약을 구하려고 했지만 그 젊음을 지니지 못한 채 이미 저세상 사람이 되었다.

판도라의 상자 속에 숨겨져 있던 시간이 모두 빠져 나가고 나면 맨 마지막 바닥에 무엇이 우리에게 다가올 것인가 그것을 우리는 안다. 알 수 있지만 아무도 모른다 한다. 모르고 싶은 것이다.

거울 앞에 앉아 자신이 낯설어 보이는 순간 그 충격만으로도 그 이상을 보려하지 않고 판도라의 상자를 닫아두고 말기 때문이다.

그러나 상자 속에 남은 시간이 없음을 알 게 된다면 그때는 가위를 든 아트로포스 여신의 모습만이 남겨질 것이다.

나는 지금 운명의 세 여신을 본다. 젊음을 곁눈질하는 가위를 든 여인에 눈길이 간다. 내 젊은 날을 곁눈질하며 어쩔 수 없이 그녀를 보고 있는 것이다.

(2008)

감사합니다

뜰로 내려서니 땅거미가 깔려옵니다. 잔디에 이슬이 내 발등을 덮고 하늘의 별들이 하나 둘 작은 빛으로 자신들의 모습을 드러내고 있습니다. 어둠 속으로 떠오르는 별들처럼 오늘 하루 그 소중한 시간을 어떻게 보냈는지 어둠 속에 서서 하루의 일들을 되돌아봅니다.

무슨 일을 했고, 무슨 말을 했고, 어떤 결정을 내렸는지, 더불어 살아가는 사람들과도 보람된 하루였나, 시간을 헛되게 낭비하지는 않았는지 돌아봅니다.

오늘 하루 고통 없는 건강한 하루였음에 감사합니다.

건강을 지니지 못하고 병석에 누워 고통 속에 신음하는 사람들을 생각합니다. 하루하루를 고통 속에서 보내면서 그 하루를 보듬어 누리기 위해 최선을 다하는 그네들의 기도를 생각합니다. 내일을 기약 못 하는 많은 고통 속의 사람들이 그토록 소중하게 생각하는 그 하루를 얼마나 편안하게 보냈는지 돌아봅니다. 오늘 하루를 세상에 더 머물지 못하고 끝내 이승을 하직하는 그런 분들이 애타게 살고 싶었던 그 하루를, 단 하루만이라도 더 살아주기를 고대하는 사람들을 남기고 떠나가는 사람들의 하루를 나는 어떻게 보냈는지 되돌아봅니다.

내가 교통사고로 병석에 누워있을 때를 기억합니다. 동창이 밝아오면 나는 기도를 드렸지요. '이토록 아름다운 하루를 맞게 하여주셨으니 진심으로 감사합니다.' 살아서 새로운 하루를 맞는다는 것이 얼마나 가슴 벅찬 행복이었는지 '살아있음에 눈부심이여, 어이 이리 아름다운지!' 하면서 감사기도를 드린 때가 있었습니다. 그날 그 극심한 고통이 나를 죽음으로 몰아갔을 때 내가 바라본 것은 벽에 걸린 십자가 고상이었습니다. 생살에 못을 박고 죽음을 맞기까지 그분(예수)은 얼마나 고통이 심하셨을까? 그렇게 생각하자 못 견딜 것 같은 고통도 견딜 수 있었지요. 그러나 그보다 두 다리를, 또는 한 다리를 잃고 입원한 어린 여학생들을 보았을 때, 내 고통은 너무도 가벼운 것이었음을 실감하게 되기도 했습니다.

소풍 길에 간이역에서 타고 갈 기차를 기다리던 학생들이 기차가 홈으로 들어오자 뒤에서 미는 바람에 앞에 섰던 학생이 기차 밑으로 밀려든 사고였는데, 자신의 잘못도 없이 평생을 고통으로 살아가야 할 그들의 모습이 지금도 아픔으로 다가옵니다. 그들은 지금 어떻게 살아가고 있을까?

그날의 아픔과 같은 고통 속에 있는 사람들을 위해 기도할 수 있는 건강한 나로 살고 있음에 감사합니다.

굶주리지 않고, 보낸 하루에 감사합니다.

우리 돈 100원이면 어린이가 하루를 살 수 있다는 가난한 나라의 어린이를 생각하면 내 어린 날 전쟁의 아픔으로 허덕이던 우리의 모습이 떠오릅니다.

전쟁의 포화 속에서 죽은 엄마의 가슴에 매달려 젖을 빨며 울음을 그치지 않던 아기의 모습, 어느 병사가 품에 안고 젖동냥을 외쳤지요. 피난길에서 허기에 시달리는 우리 가족에게 철모 가득 쌀을 담아다 주고 총총이 전선으로 달려가던 어린 병사의 모습도 기억합니다. 그들 병사의 따뜻한 보살핌이 있었기에 우리는 절망 속에서 살아났고 오늘을 살아가고 있습니다. 우리의 그날처럼 지구촌 어딘가에는 배고픈 사람들이 살고 있음을 기억합니다. 그들과 더불어 살아가는 세상, 그날의 병사들처럼 고통 받는 사람들을 위해 기도합니다. 또 그런 이들이 없는 세상을 위해서 노력하는 많은 사람들을 위해서 이 밤 감사의 기도를 바칩니다.

사람들은 해마다 봄을 기다립니다. 나무마다 꽃을 피우고 만물이 소생하는 그 봄을 기다립니다. 봄이 오면 화단에 꽃을 심지요. 겨우내 갇혀 있던 방의 창문을 열고, 어둡고 그늘을 드리웠던 겨울을 털어내기 위해 산으로 들로 산책을 나가고, 사랑하던 사람들과 그 사랑을 소중하게 보듬어 향기로운 삶을 이어가려 합니다. 여름이면 강을 찾아 강심에 마음을 담그고 때 묻은 마음을 빨고 싶어 합니다. 긴긴 여름 푸르러 하늘을 덮는 나무들의 열정과 꿈을 지켜보며 최선을 다하려는 삶. 그러노라면 성큼 가을이 다가오지요. 그러면 낙엽을 줍듯 지난 시간들을 하나하나 집어 들며 걸어온 계절을 돌아보게 되지요. 감사와 용서, 후회와 가책 속에서 보람된 일 하나를 찾아 아픈 마음을 어루만지기도 하며.

겨울이 오면 외롭고 힘들 것이지만 지금껏 가슴 충만한 감사한 삶을 기억하면서 다시 다가올 봄을 기다려 볼 것입니다.

그 겨울을 앞에 놓고 나는 지금 욕심을 털어내려 합니다. 허영심으로 가득한, 욕망으로 가득한, 경쟁심으로 들떠 있는 내게서 벗어나려 합니다. 마음을 비움으로 채워지는 행복을 소중히 간직하며 하루를 살려고 합니다.

지금 봄을 기다리는 사람들에게 겨울의 터널이 짧기를 기도합니다. 지금 가을의 끝자락에 서 있는 사람들에겐 아주 천천히 오래도록 아름다운 기억으로 계절이 남겨지기를 빕니다.

밤이 있어 아침으로 부활하는 빛의 그림자 속에 서서, 오늘 하루를 돌아봅니다.

세상살이에 지친 모든 이들에게도 축복의 이불이 되는 긴 휴식의 밤, 하늘의 별들이 더 선명하게 더 많이 생각의 빛으로 다가옵니다.

오늘 하루, 이토록 아름다운 하루를 더불어 살게 하여 주셨으니 감사합니다.

(2008)

조각보

H 백화점 한복 집 앞을 지날 때면 나는 잠시 걸음을 멈추고 진열장에 걸려 있는 모시 조각보를 한참씩 들여다본다.

사방 1m는 됨직한, 네 귀가 맞는, 옷을 싸는 보자기인데, 둘레는 보자기 길이만큼 또는 한번 이은 좁고 긴 모시를 둘레로 대고, 가운데는 여러 조각의 작은 세모, 네모, 마름모의 모양과 크기가 다 다른 조각들을 서로 어우러지게 놓고 어긋남이 없이 손으로 꿰맨 조각보이다. 그 조각들은 생모시의 짙은 갈색과 엷은 갈색, 그리고 흰색에 가까운 갈색 등 물들이지 않은 그대로의 색감으로 예쁘게 모자이크가 되어 하나의 작품을 보는 것 같은 기분이 들게 한다.

아낙의 다소곳하고 정결한 마음이 저리도 정성스럽게 조각보 속에 담길 수 있다니. 헝겁 한 조각 한 조각을 한 땀 한 땀 떠간 공들인 숨결이 배어 나오는 듯하다. 뒤로 받는 불빛이 은은한 갈색의 대발을 느린 것처럼 비쳐서 그 뒤에 쪽찐 아낙이 서 있을 것만 같은 분위기를 자아낸다. 나는 보자기 뒤에 숨어 있는 한 아낙을 보고 있는 마음으로 시대를 뛰어넘어 옛날로 가보는 것이다.

우리에게 아파트 문화가 들어오고 식탁에서 밥을 먹게 되기 전 소반에서 밥을 먹을 때는 어느 집이고 밥상보는 있었다. 베로 만들던 모시로 만들던 조각으로 만든 밥상보이다. 밖에서 아직 들어오지 않은 식구들을 위해서 미리 봐 놓는 밥상에 덮는 보였다.

밥상보가 덮인 밥상은 바라만 보아도 정갈하고 은밀한 느낌을 주었다. 열어봐도 별다른 것도 아니지만 그래도 밥상보가 덮여 있는 밥상은 기다림이 함께 있어 좋았다. 학교에서 점심시간에 손수건만 한 도시락 보자기를 풀 때 느끼는 호기심 같은 기쁨을 밥상보에서 맛보기도 했었다. 마치 안에는 은닉한 그 무엇이 들어있기나 한 것처럼.

어머니가 밖에서 들고 오는 보자기 속에는 언제나 무엇이 들어 있었다. 시장에서 사온 사탕 몇 개, 사과 몇 개, 가끔은 고무신이며 예쁜 옷도 들어 있었다. 보자기를 푸는 엄마 손을 통해 속이 드러나는 보자기는 모든 것을 다 내어놓고서야 언제나 홀가분한 기분으로 나비처럼 훌쩍 경대 위로 날아가 앉는 거였다. 기쁨과 서운함을 털어 내면 언제나 한 겹 앞치마 같은 빈 마음의 보자기에 불과하건만.

시골 소년들은 책과 도시락을 보자기에 둘둘 말아 허리에 두르고 십여 리 길을 걸어 학교에 다녔다. 집으로 오는 길이면 빈 도시락에서는 수저가 흔들리는 소리가 났다. 아버지는 봇짐을 지고 장을 돌면서 장사를 다녔고. 그들을 기다리는 어머니는 버리게 된 조각 헝겊들을 모아 조각보를 만들며 고달픈 삶을 꿰매어 갔을 것이다.

우리 생활에 보자기가 처음 등장하는 것은 가락국기의 건국신화에서다. 가락국 건국신화를 보면, 하늘에서 자주색 끈이 내려왔는데, 그곳에는 붉은 보자기가 있고 그 안에는 6개의 황금 알이 싸여 있었는데, 그 황금 알이 여섯 동자로 변하여 육가야의 시조가 되었다고 한다. 그중에 으뜸이 가야의 시조인 수로왕이다.

지금도 무속에서는 점을 치기 전 점을 치는 상을 보자기로 덮어놓고 누구도 만지지 못하게 하는데, 이 보자기는 한쪽은 붉은 색이고 한 쪽은 남색이다. 보자기에는 황금 알이 들어 있어 동자로 변한 것처럼 보자기 속에 드리워진 신의 능력을 받아내려는 무속이 가야 신화에서 유래했을 것이다. 우리의 결혼풍습 속에 사주를 보낼 때에도 청, 홍의 이중보자기를 쓰는 것도 남녀의 결합의 의미만을 싸 담는 것이 아니라 앞으로의 삶을 담고, 처녀 총각이 신랑과 색시로 다시 태어남을 의미하는 상징성을 담고 있을 것이다. 이도 옛날 가야국에서부터 이어져 내려온 우리의 풍습일지 모른다. 물건을 싸는 보자기가 귀히 쓰이던 시절, 그래서 시집갈 처녀는 생활에서 버려지는 헝겁 하나라도 아껴 밥상보를 만들고, 이불보를, 횃대보를, 옷을 싸는 옷보를 만들었을 것이다. 서로 어울릴 수 없는 각기 다른 모습과 크기가 다른 것들을 모아 서로 머리를 맞대어 어울리게 하는 지혜와 그것들에 마음을 읽어내는 혜안을 길러 세상을 바라봄에 독선이나 치우침이 없음을 배우고, 한 땀 한 땀 떠가는 바느질에서 검소함과 겸손, 자신의 감정을 다스리는 현명함도 익혔을 것이다. 그리고 결혼을 통한 큰 삶에서 희로애락과 갈등과 외로움을 모두 보자기처럼 한 가슴에 싸안는 마음으로 살아가고자 했을 것이다.

나는 매장에 걸려 있는 모시 조각보를 보며 우리 풍속 속에 담겨 있는 옛 여인의 마음을 읽는다.

(2003)

팽이

광화문 지하도 교보문고 입구에서 한 노인이 팽이를 팔고 있었다. 공장에서 대량 생산되는 규격품이 아니고 손으로 깎은 것 같은, 모양과 크기가 조금씩 달라 보이는 팽이로, 상자 안에 십여 개가 팔 물건의 전부인, 요즈음 보기 드문 팽이였다. 그 팽이들은 머리에 빨강, 파랑, 노랑색으로 원을 둘렀고 꽁무니가 두루뭉수리하게 빠진 것이 조금은 투박하고 손으로 돌리면 이내 두어 바퀴도 못 돌고 뒤뚱뒤뚱 흔들리다 쓰러질 것 같은 느낌이 드는 팽이지만 그 팽이를 보는 순간 교보문고로 들어서려던 발길을 멈추고 말았다. 길바닥에 놓여 있는 팽이채는 싸리나무 대에 푸르고 흰 나일론 포장지 끈을 땋아서 묶어 논 것으로 그 팽이채 역시 투박하고 미련스러워 팽이채로도 어울려 보이지 않았다.

어느 젊은 어머니가 초등학교 3,4학년에 다니는 듯한 두 아들에게 팽이를 사주려고 팽이를 고르고 있었다. 팽이장수 노인도 그 어머니처럼 아이들의 관심을 끌어내려고 팽이를 팽이채에 감아 길바닥에 돌려 보여 주려 했지만 팽이는 돌지 못하고 뒤뚱거리다 이내 쓰러지고 말았다. 아이들은 팽이는 그렇게 치는 것이 아니라는 듯 팽이를 돌리려는 노인을 내려다보며 빙글빙글 웃었다. 가게에서 파는 기계로 깎은 팽이는 팽이채의 끈을 팽이 밑에 칭칭 감아 한 번 당기기만 하면 팽이채로 때리지 않아도 팽팽 오래도록 혼자 도는데 그런 팽이는 많이 갖고 놀아 본 듯했다.

"이 팽이는 우리나라 옛날 팽이야. 이 팽이를 칠 줄 알아야 정말 팽이를 칠줄 아는 거야."

엄마가 아이들에게 팽이를 사 주고 싶어 아이들을 설득하며 조르는 듯 했지만 아이들은 고개를 저으며 그만 가자고 엄마를 일으켜 세웠다. 아이들에게 이끌려 일어선 엄마가 팽이장수 노인을 보며 미소를 지었는데 그 미소 속에는 아이들은 이해할 수 없는 향수가 묻어나는 듯 했다. 나는 그들 뒤에서 팽이를 한참을 들여다보다가 그들이 떠나자 노인 앞에 쭈그리고 앉아 팽이를 골랐다. 팽이를 칠 줄도 모르고 누구에게 주고 싶어서도 아닌데 팽이를 갖고 싶어 기다려온 사람처럼 팽이를 뒤적거렸다. 팽이를 만지고 있으니 어린 시절 시골 풍경이 떠올라 공연한 그리움에 목이 메었다. 그 엄마도 그런 끈끈한 향수와 만나 그 향수를 가져가고 싶어 아이들에게 팽이를 사자고 졸랐는지 모른다.

설날 무렵이 되면 마을 앞 논에는 썰매 타는 아이들과 팽이 치는 아이들로 꽃밭이 되었다. 설빔을 입은 아이들이 삼삼오오 짝을 지어 어우러진 모습은 정말 보기 좋았다.

썰매를 타는 아이들의 썰매 모양도 팽이를 치는 아이들이 가진 팽이 모양도 제각각이었다. 썰매도 팽이도 파는 물건이 아니요 손수 만든 것들이기 때문이다.

하나의 팽이가 만들어지기까지 아이들은 팽이 만들기에 참으로 많은 시간을 소모한다. 나무토막 하나를 구하면 그것으로 잘 들지도 않는 주머니칼로 깎고 다듬고 하여 날렵하고 예쁜 팽이를 만들어 내는 것이다. 다 깎아지면 꽁무니에 못을 박고 그 못머리를 둥글고 뾰족하게 다듬어 얼음판에서 잘 돌도록 한다. 머리에는 크레용으로 예쁘게 칠해서 팽이가 돌 때 예쁜 색상을 드러내게 한다.

나는 썰매를 끌다 재미가 없으면 팽이 치는 남자아이들 틈에 끼어 구경을 했었다.

팽이는 팽이채에 많이 맞으면 흔들림 없이 한 자리에서 잘 돌았다. 한참 돌다가 흔들거리면 다시 팽이채로 치면 그 바람에 자리를 옮기며 돌다 다시 자리가 잡히면 한 자리에서 혼자 계속 돌았다. 머리에 크레용으로 칠한 빨강, 파랑, 노랑의 무늬가 무지개가 되어 돌았다. 팽이싸움도 하는데, 얼음판 위에서 돌아가는 여러 개의 팽이 중에서 잘 돌아가는 팽이를 골라 서로 접근시켜 몸을 부딪치게 해서 쓰러지지 않고 오래 버티는 팽이를 골라내는 싸움이었다. 그런 싸움이 벌어질 때면 얼음판은 한 곳으로 집중되어 아이들의 응원이 가열된다. 팽이 임자들이 돌고 있는 팽이를 팽이채 끈으로 슬슬 밀어 접근시켜 두 몸이 부딪치며 튈 때, 그리고 어느 것 하나 비틀거리지 않고 돌아갈 때 팽이판은 절정을 이룬다. 그 멋있는 놀이에 동참하고 싶어 나는 가끔 혼자 집안의 마당에서 팽이를 돌려 봤지만 팽이는 돌지 않았다. 팽이를 손으로 돌려 세워도 팽이채로 치면 팽이가 저만치 날아가 떨어져 버리고 또 살살 치면 제자리에서 죽어 버리고, 그래서 나는 그 신나는 팽이치기를 하지 못하고 말았다.

팽이를 사들고 오면서, 어린 날의 기억을 더듬으며, 그날 시골의 얼음판에서 팽이를 돌리던 아이들은 지금 어디서 무엇을 하며 팽이처럼 돌고 있을까 생각을 했다. 그리고 팽이치기란 자신의 운명을 스스로 자각하는 삶의 행위가 아닐까 하는 생각도 해봤다.

깨어 있음의 반복으로 비로소 설 수 있는 물체, 쉴 새 없이 몸에 가해지는 긴장과 고통으로 스스로 자신을 추스르는 물체.

옛사람들은 그러했다. 사람답게 살고자 한 사람들은 진실로 그러했다. 어찌 게으르고 나태하고, 마음을 닦지 않고 자신을 돌아보지 않고 노력하지 않고 매일을 반성하지 않고 살아가려

했을까.

나는 지금껏 어린 시절의 나처럼 팽이를 칠 줄 모르는 것처럼 돌 줄 모르는, 누워 있는 팽이로 살아온 것은 아닌지. 매일매일을 반성의 채찍으로 내 양심을 흔들어 깨우고, 성실을 일깨우고 사랑을 일깨우고 자신을 보는 눈을 뜨게 하여 내 자신이 무너지지 않도록 다그쳐 세우면서 살아오지는 않았는지.

자신의 꿈을 이루기 위하여 잠들어 있어야 하는 것이 아니라 깨어 있어야 하고 안락한 삶을 위하여 편안히 안주하는 것이 아니라 끊임없이 역경과 도전해야 비로소 얻어지는 것이 팽이 같은 삶이라면 나는 진정 팽이처럼 돌며 살아오지는 못한 것 같다. 돌기도 전에 이내 비틀거리고 팽이채를 대기도 전에 누워버린, 힘없고 게으르고 나약하고 겁 많고 꾀 많은 욕심뿐인 팽이.

나는 팽이 하나를 사들고 오면서 이제라도 팽이치기를 배우리라 다짐해 본다. 오래도록 쓰러지지 않고 팽이가 서서 돌 수 있도록 팽이채로 때리는 법도 익혀 오래도록 누워 있는 내 자신을 일깨워 추스르는 채찍으로 삼아야겠다.

(1996)

■ 연보

• 약력

변해명 邊海明.

1939. 서울 출생.

서울대학교 사범대학, 고려대학교 교육대학원에서 국어 국문학을 공부.

석사논문 ≪정지용 시 연구– 물에 나타난 이미지를 중심으로≫.

중등학교 교사, 교감을 거쳐 교장역임.

근조홍조훈장 받음.

대한교원총연합회 부회장 역임, 문교부 편수국에서 교육과정 교과서 작업 (파견근무).

평화통일 정책 자문회의 자문위원 역임(2기~18기).

• 문단활동

1975년	韓國文學(김동리선생 추천) 수필 신인상으로 문단에 나옴. 현재 한국문인협회. 상벌위원회 위원 한국수필가협회 이사. 한국여성문학인회 부회장. 국제 PEN클럽 한국본부. 수필문우회 회원 〈계간수필〉〈수필과 비평〉 편집위원, 〈한국수필〉 고문. 부평문학회 회장역임 고문. 서울 도봉문화원 수필강사.

• **작품집**

1976년 첫 수필집 ≪먼 지평에…≫ 유림사 서울
1978년 두 번째 수필집 ≪외로운 영혼에 불을 밝히고≫ 한마음사. 서울.
1988년 세 번째 수필집 ≪그리운 곳의 빈자리≫ 미리내. 서울.
1990년 네 번째 수필집 ≪정바라기≫ 한마음사. 서울.
1996년 다섯 번째 수필집 ≪다가오는 목소리≫ 시대문학사. 서울.
2000년 수필선 ≪그림자 춤≫ 선우미디어. 서울.
2003년 여섯 번째 수필집 ≪숨겨진 시간의 지도≫ 선우미디어. 서울.
2004년 기행수필집 ≪길 없는 길을 따라≫ - 우수도서 선정 진원출판사. 인천.
2006년 4인수필집 ≪시간의 대장장이≫ 선우미디어. 서울.
2008년 풍속 에세이 ≪옛 그림에서 찾아보는 잊혀져가는 우리 풍습≫ 수필과비평사. 서울.
2008년 수필선집 ≪주인없는 꽃수레≫ 소소리. 서울. (11권 모두 디지털 북으로 나와 있음. 제작 디지털 문학도서관. 제주도.)
2010년 현대수필 100인선. ≪아름다운 세상≫ 좋은 수필사.
2010년 일곱 번째 수필집 ≪시간의 작은 방울≫ 선우미디어. 서울.

• 문학상

1989년	3월 수필문학진흥회 주관 현대수필문학상 받음.
1996년	2월 한국수필가협회 제정 제14회 한국수필문학상 수상.
2009년	1월 1 · 4회 신곡문학상 대상 받음.
2009년	12월 한국문인협회 주관 한국문학상 수상.

현대수필가 100인선 · 88
변해명 수필선

아름다운 세상

초판인쇄 | 2010년 6월 20일
초판발행 | 2010년 6월 25일

지은이 | 변 해 명
펴낸이 | 서 정 환
펴낸곳 | 좋은수필사

주 소 | 서울시 종로구 익선동 30-6
운현신화타워 빌딩 3층 305호
전 화 | 02)3675-5635, 063)275-4000
등 록 | 1984년 8월 17일 제28호
홈페이지 | http://www.shinapub.com
e-mail | essay321@hanmail.net

값 7,000원

ISBN 978-89-5925-357-9 04810
ISBN 978-89-5925-247-3 (전 100권)